ラクうまごはん

一人ぶんから作れる

これ以上簡単にできないレシピと
材料をムダにしないコツ

瀬尾幸子

新星出版社

はじめに

1人とか2人の、少量ごはんをおいしくカンタンに作る。それがこの本のテーマです。

1人分の自炊はかえって不経済、そんな言葉をよく聞きます。それはある意味ホント。スーパーで売られている野菜や肉は基本的には家族向けの単位が多く、結局使い切れずに無駄にしてしまうことがありますよね。お肉屋さんやお魚屋さんに行ったって、お肉100g、お魚1切れは買いづらいですよね。だからこの本には、私たちが普段買いやすい単位の食材を最後まで使い切るための工夫を、たくさん載せました。

もう一つ、私は外食が続くとなんだか身体がくたびれてしまいます。だからなるべく家で、自分が作ったごはんを食べたい。1人分のごはんを作るなら、できるだけ手間をかけず、カンタンに作りたいもの。だからと言って、おいしくなくちゃ意味がありません。カンタンは手抜きではなく、コツとワザ。この本では1人分のごはんがおいしくちゃっちゃっと作れるコツとワザもいっぱい紹介しています。

1人のときでも、身体にやさしいおいしいごはん。この本がその一助になれば幸せです。

8 野菜は新鮮なうちに下ごしらえ。1本も1把もムダにしません。

- 3 はじめに
- 10 野菜の持ちがちがう！　下ごしらえのコツ。
- 12 小松菜と油揚げの卵とじ
- 13 ゴーヤチャンプルー
- 14 ほうれん草とコーンのバターソテー
- 15 ブロッコリーとゆで卵のサラダ
- 16 小松菜ギョウザ

【あっ！　という間の和え物】
- 18 小松菜とちくわのゴマ和え
- 19 春菊の白和え
- 19 もやしとニラの中華サラダ
- 19 キュウリと鶏肉の酢の物

20 野菜をたっぷり食べたいときは、具だくさんの汁物を作ります。

- 21 具だくさんのみそ汁（基本のみそ汁の作り方）
- 22 私が好きなみそ汁の具の組み合わせ
- 24 トマトジュースのミネストローネ
- 25 カレー風味の野菜スープ
- 26 コンソメバターしょうゆスープ
- 27 かんたんサンラータン
- 28 しょうゆけんちん汁
- 29 ダブルだしの塩ちゃんこ汁

30 肉はゆでて汁ごと冷蔵保存しておけば、調理時間もぐっと短縮。

ゆで鶏
- 32 ゆで鶏のスライス
- 34 筑前煮
- 35 アボカドチキンサラダ
- 36 チキンご飯サンド
- 37 鶏スープかけご飯

ゆで豚
- 38 ホイコーロー

【ホイコーローと同じ手順で味違いの炒め物】
- 39 キャベツと豚肉のショウガ炒め
- 39 小松菜と豚肉のオイスターソース炒め

48 ひらひら肉とひき肉は火が通りやすい。だから、時短おかずの強い味方。

- 46 牛肉と春菊の韓国風さっと煮
- 45 肉豆腐
- 44 牛肉とマッシュルームのクリーム煮
- 42 牛しゃぶサラダ

ゆで牛
- 41 厚揚げと豚肉の甘辛煮
- 40 ナスと豚肉の田舎煮
- 39 セロリと豚肉の塩炒め
- 48 豚肉と大根のオイスターソース煮
- 50 豚肉とレンコンのきんぴら
- 51 牛肉としらたきのすき焼き煮
- 52 鶏ひき肉と冬瓜のくず煮

54 魚料理は1人分なら刺身用パックを活用しましょう。

- 58 白身魚の昆布じめ
- 57 ブリと長ネギの水炊き
- 56 鯛のごまかし
- 54 鯛茶漬け

62 卵は1人分ごはんの優等生。常備しておけばメインにも、主食にも。

- 60 アジのタタキの団子焼き
- 62 目玉焼きの甘酢あんかけ

[主菜になる具だくさんの卵焼き]
- 64 ニラいっぱいの卵焼き
- 64 もやしとサクラエビの卵焼き
- 64 煮豚と万能ネギの卵焼き
- 65 トマト卵チャンプルー
- 66 パンのオムレツ
- 67 釜玉うどん

68 電子レンジはじつは1人分のごはんこそ、手軽においしく作れるのです。

- 68 レンジ肉じゃが
- 70 レンジカボチャ煮
- 71 サバのみそ煮
- 72 チキンライスの素
- 74 チンゲンサイシュウマイ
- 76 エビと豆腐の中華蒸し
- 77 アサリの酒蒸し

78 オーブントースターも
1人分ごはんに大活躍！"遠赤外線効果"も見逃せません。

- 78 生鮭の粕漬け焼き
- 80 野菜焼き
- 82 焼き厚揚げ
- 83 ナンピザ
- 84 キャベツのグラタン
- 86 ミョウガのみそ焼き
- 86 油揚げのタマネギはさみ焼き
- 86 焼きたらこのおろし和え

[オーブントースターおつまみ]

88 小鍋
ならいろいろな栄養が一度にとれて、気持ちもあったか。

- 88 あぶすき
- 90 鯛の雪見鍋
- 91 キャベツとベーコンのコンソメ鍋
- 92 豚肉のみそチゲ
- 93 カブと生鮭の酒粕汁

94 煮る
だけなので、じつはカンタン。時間のあるときには、こんな料理も。

- 96 煮豚
- 97 ネギチャーシュー
- 98 ラタトゥイユ
- 100 レバーペースト

102 揚げ物
は少人数分なら卵抜き衣で。

- 104 豚肉巻き串フライ
- 106 エビと煮豚のフライ
- 107 野菜のソーダ揚げ

108 漬け物
にしておけば、野菜がサラダ感覚ですぐに食べられます。

- 109 塩水漬け
- 110 豆腐・ゆで卵のみそ漬け
- 111 野菜のみそ漬け
- 112 甘酢漬け
- 113 タマネギの南蛮漬け

114 冷凍庫は少量ごはん家庭の重要な食品庫です。

- 115 食材別、使いやすい状態で冷凍するコツ。
- 116 こんなものも冷凍しておくと便利です。

[冷凍たらこ・明太子を使ったカンタン炒め物]
- 117 ニンジンとしらたきのたらこ炒め
- 117 明太子とちくわのバター炒め
- 118 たらこ・明太子マヨネーズ

[たらマヨ・明太マヨを使ったサラダ]
- 119 たらこのスパゲティサラダ
- 119 ポテト明太子サラダ
- 120 スポンジ豆腐の煮物
- 121 しらすネギピザ
- 122 懐かしい味のナポリタン
- 123 炊き込みご飯

- 124 素材別さくいん

この本を使う前に

- ●材料と作り方は、やや多めの1人分を基本としていますが、レシピによっては作りやすい分量で表記しています。
- ●記載の人数分よりも多く作る場合、煮物等は煮詰まり合いが変わるので、味をみて調味料の分量（調味料同士の比率は同じで）を調整してください。
- ●大さじ1は15㎖、カレーを食べるスプーンぐらい、小さじ1は5㎖、ティースプーンぐらいで、いずれもすりきりで量ります。
- ●米1合は180ccです。
- ●しょうゆは濃口しょうゆ、バターは有塩バター、砂糖は上白糖を使用しています。みそは大豆と米と天然塩だけで作られたものがおすすめです。
- ●豆腐は木綿と絹ごしどちらでもかまわない場合は、エネルギー量算出のため便宜上、木綿豆腐と表記しています。
- ●電子レンジの加熱時間は500wを目安にしています。600wの場合は2割減、700wの場合は4割減の時間で加熱してください。本書では「強」ボタンを使用していますが、機種に応じて「あたため」など該当ボタンを選んでください。
- ●オーブントースターの加熱時間は1000wを目安にしていますが、機種によって焼き具合が違う場合があるので、様子を見ながら加減してください。
- ●エネルギー量表記は『五訂 日本食品成分表』をもとに算出しています。
- ●エネルギー量計算はとくに表記がない限り、材料の分量で計算しています。材料の「あれば」「好みで」は計算に含んでいません。豚肉はすべて肩ロース肉で計算しています。

アートディレクション・本文デザイン
……… 細山田デザイン事務所
撮影
……… 貝塚 隆
スタイリング
……… 大畑純子
原稿作成
……… 横田悦子
エネルギー計算
……… 江沢いづみ
調理アシスタント
……… 寺西恵子 石川葉子
企画・編集
……… シーオーツー（松浦祐子）

野菜は新鮮なうちに下ごしらえ。
1本も1把もムダにしません。

1人分ごはんのハードルは、材料を使いきれないこと。スーパーで売っている野菜は、1回で食べきれない単位が多く、食材がダメになっていくのを見ると、気持ちが料理から離れてしまいます。それに、疲れて帰ってきて自分1人分のごはんを作るときに、たとえば小松菜を使う分だけ洗ってゆでて、というのも面倒。

だから私は野菜を買ったら、新鮮なうちに一度に下ごしらえをしちゃいます。青菜類はゆでておくだけで、生の状態よりじつは倍くらい長持ち。下ごしらえした状態で冷蔵庫に入っていれば、買ってきたお惣菜に添えたっていいし、料理をするのも断然ラクチン。私の冷蔵庫には下ごしらえ済みの野菜を入れた保存容器がいっぱい入ってます。

ニラ

火が通りやすいのでさっとゆでる（1分くらい）だけでOK。冷水にとり、根元を落として4cmくらいに切りそろえ、容器に入れる。

ほうれん草

根元がおいしいので捨てずに。泥などが気になる場合はしばらく水につけてから洗うと取れやすい。煮物や炒め物に使えるよう、硬めにゆでて（2〜3分）冷水にとり、根元をそろえて4cmくらいに切りそろえ、容器に入れる。

ニラ　　ほうれん草

小松菜　　春菊

野菜の持ちがちがう！下ごしらえのコツ。

小松菜

ほうれん草同様硬めにゆでて冷水にとり、根元部分を切り落とす。4cmくらいに切りそろえて容器に入れる。

春菊

火の通りが早いので、さっと1分くらいゆでて冷水にとる。根元部分を切り落とし、4cmくらいに切りそろえて容器に入れる。

キュウリ

ごく薄い小口切りにして（スライサーを使うと便利）容器に入れ、塩をまぶして絞らずに保存する。塩の量はキュウリ2本に対して小さじ1/2程度。水分が出てくるので、使うときに使う分だけ水気を絞って使う。

ゴーヤ

縦半分に切り、種とワタをスプーンで取って5mmくらいの厚さに切る。硬めにゆでて（1分くらい）冷水にとって冷まし、容器に入れる。

> 手には雑菌が多いので、なるべく手で触らないようにして保存するのが、長持ちのコツ。青菜類はポタポタしずくが落ちるくらい水気を残し、使うときに適宜絞ります。保存期間は5日〜1週間。ゆでるときはたっぷりのお湯に多めの塩で。目安はお湯1ℓに対して塩が小さじ1杯くらい。

キュウリ　ゴーヤ
ブロッコリー　もやし

ブロッコリー

一口大に切り分ける。茎も厚めに皮をむいて一口大に切る。3〜4分ゆでて冷水にとって冷まし、容器に入れる。

もやし

耐熱容器に入れ、電子レンジ強（500w）で3分加熱し、そのまま冷ましてから冷蔵庫へ。ゆでるよりも歯ごたえがしゃきしゃきして、もやしの味がしっかり残る。

小松菜と油揚げの卵とじ

調理時間、約3分。
たっぷり野菜とふんわり卵の組み合わせは、忙しい朝のおかずにもぴったり。
151kcal

材料[1人分]
- ゆで小松菜 … 100g
- 油揚げ … 1/2枚
- 卵 … 1個
- [煮汁]
  - めんつゆ（3倍濃縮タイプ）… 大さじ1.5
  - 水 … 90cc

作り方

熱湯をかけるよりラクチン！

1. 油揚げは紙タオルに挟んで強く押し、余分な油をとってから2cm角に切る（冷凍保存の油揚げはそのまま使ってOK）。
2. 鍋に煮汁、油揚げ、小松菜を入れて煮立てる。煮立ったら弱火に。
3. 2分ほど煮てから強火にし、卵を割りほぐして回し入れる。ふたをして、卵が好みの煮え加減になったらできあがり。

ゴーヤチャンプルー

生のゴーヤを使う場合はしっかり炒めて。**豆腐は水切りをしないほうが**しっとりした仕上がりに。

234kcal

材料[1人分]

- ゆでゴーヤ … 1/2本分
- ウインナーソーセージ … 1本
- 豆腐 … 1/4丁
- 卵 … 1個
- サラダ油 … 小さじ1
- 顆粒鶏スープの素 … 小さじ1/4
- 塩 … 小さじ1/5
- コショウ　少々

作り方

1. ソーセージは斜め薄切りに。
2. フライパンにサラダ油を中火で熱し、豆腐を入れて**強火で表面に焦げ目をつける**。　← 香ばしさでおいしさアップ
3. 中火にしてゴーヤ、ソーセージを入れ、豆腐を崩しながら炒める。
4. 卵を割りほぐして加え炒め、全体に調味料をふり入れて炒め合わせる。

ほうれん草とコーンのバターソテー

ゆでほうれん草はアクが少ないため、生を使うよりも甘みが引き立ちます。

131kcal

材料 [1人分]

- ゆでほうれん草 … 100g
- 粒コーン(缶詰) … 1/2カップ
- バター … 小さじ1.5
- 塩・コショウ … 各少々

作り方

1. ゆでほうれん草は軽く水気をきる。
2. フライパンを中火で熱し、バターを溶かしてコーンを入れ、**コーンの水気が飛んで少し焦げ色がつくまで炒める**。
3. ほうれん草を加え、塩・コショウで調味する。

ここまで炒めると格段においしくなります

ブロッコリーと
ゆで卵のサラダ

このサラダにはやわらかめのマカロニがぴったり。私は**指定の倍くらいの時間ゆでて**、使っています。

276kcal

材料［1人分］

- ゆでブロッコリー … 1/4株分（約70g）
- ゆで卵 … 1個
- マカロニ … 10g
- カッテージチーズ … 大さじ2

- マヨネーズ … 大さじ1.5
- 塩 … 小さじ1/4
- コショウ … 少々

作り方

1. マカロニはやわらかめにゆで、冷水で洗って水気をきる。
2. ゆで卵は殻をむいてざく切りに、ブロッコリーは小さめの一口大に切る。
3. ブロッコリー以外の材料をすべて混ぜ、最後にブロッコリーを加えて混ぜ合わせる。

小松菜ギョウザ

ゆで野菜を使えば、1人分のギョウザだってカンタン。ラー油の代わりにからしを入れたタレもおススメです。

321kcal

材料 [1人分]

- ゆで小松菜 … 50g
- 豚ひき肉 … 50g
- ショウガすりおろし … 小さじ1/3
- ニンニクすりおろし … 小さじ1/6
- ギョウザの皮 … 7枚

- みそ … 小さじ1
- 塩 … 小さじ1/4
- コショウ … 少々
- ゴマ油 … 小さじ1

- サラダ油(焼き用) … 小さじ1
- タレ(しょうゆ、酢、ラー油) … 各適量

作り方

1. ゆで小松菜は軽く水気を絞ってみじん切りにし、他の材料、調味料とよく混ぜてギョウザの皮に包む。
2. フライパンにサラダ油を中火で熱し、ギョウザを並べる。水100cc(分量外)を加えてふたをし、水分がなくなるまで焼く。
3. ピチピチと音がしたらふたを開け、余分な水分がなくなるまで焼いて、ほどよい焦げ色をつける。酢じょうゆ＋ラー油など好みのタレでいただく。

小松菜とちくわのゴマ和え
146kcal

材料 [1人分]
- ゆで小松菜 … 70g
- ちくわ … 1本
- 白すりゴマ … 大さじ1.5
- 砂糖 … 大さじ1.5
- しょうゆ … 小さじ2
- **マヨネーズ … 小さじ1**

加えることでコクがアップ

作り方
1. ちくわは縦四つ割りにして3cm長さに切る。小松菜は軽く絞って水気をきる。
2. 材料と調味料をすべてボウルに入れ、混ぜ合わせる。

春菊の白和え
159kcal

材料 [1人分]
- ゆで春菊 … 40g
- ゆで鶏ささみ（P.30）… 1本
- ニンジン … 10g
- 木綿豆腐 … 1/4丁
- 砂糖 … 小さじ2
- 白すりゴマ … 小さじ2
- しょうゆ … 小さじ1/2
- 塩 … 小さじ1/4

作り方
1. ゆで春菊は軽く絞って水気をきる。ささみは粗くほぐす。ニンジンは皮をむき短冊切りに。
2. 豆腐、ニンジンをゆで、ざるにとって冷水で冷やし、水気をきる。
3. 豆腐をつぶし、他の材料と調味料を加えて混ぜる。

あっ！という間の和え物

もやしとニラの中華サラダ
193kcal

材料 [1人分]
ゆでもやし … 1/2袋分
ゆでニラ … 30g
ハム … 2枚
アーモンド … 5粒
酢 … 小さじ1
しょうゆ … 小さじ1
砂糖 … 小さじ1/3
ゴマ油 … 小さじ1
塩 … 少々

作り方
1 ゆでもやしとニラは軽く絞る。ハムは細切りに、アーモンドは粗いみじん切りにする。
2 調味料を合わせてドレッシングを作り、材料と混ぜ合わせる。

キュウリと鶏肉の酢の物
103kcal

材料 [1人分]
キュウリの塩和え … 1/2本分
ゆで鶏胸肉(P.30) … 40g
乾燥わかめ … 2g
ポン酢 … 小さじ2
ゴマ油(好みで) … 少々

作り方
1 キュウリは**水気を絞り**、鶏肉は粗くさく。わかめは水で戻して絞り、大きいものはざく切りにする。
2 具を混ぜて器に盛り、ポン酢をかける。好みでゴマ油をかけていただく。

水気はここで初めて絞る

野菜をたっぷり食べたいときは、具だくさんの汁物を作ります。

野菜を食べたほうがいいとわかっているけど、1人分のごはんだと、じつはこれが結構難しい。そんなときに活躍するのが具だくさんの汁物。生よりも量を多く食べられるし、少しの手間でたくさんの種類が食べられます。冷蔵庫の中で余っている野菜、下ごしらえしておいた野菜を何でも入れて煮ちゃいましょう。みそ汁に洋風の具材、コンソメスープに和風の具材、意外な取り合わせから意外なおいしさも生まれます。コンソメスープや鶏スープの素を使えば、本格スープも簡単。多めに作って、2食分にしてもいいですね。具だくさんの汁物があれば、食事のバランスは格段にアップするので、後は買ってきたお惣菜で済ませても、罪悪感がありません。これ、私にとって大事なポイントです。

具だくさんのみそ汁

キャベツ、ベーコン、ズッキーニ。
一見洋風の材料だって、みそとは相性抜群。

↱ 材料はP.23

基本のみそ汁の作り方
1. 具は食べやすい大きさ、煮えやすい大きさに切る。
2. 鍋にだし汁、具を入れて沸騰させ、中火で具がやわらかくなるまで煮る。
3. みそを溶き入れ、弱火で1〜2分煮たらできあがり。

| 私が好きなみそ汁の具の組み合わせ |

とん汁はボリュームみそ汁の王道
318kcal

材料［約2杯分］
- タマネギ（くし形切り）… 1/4個
- ジャガイモ（イチョウ切り）… 1個
- ニンジン（イチョウ切り）… 3cm分
- ゆで豚薄切り（P.31）… 30g
- だし汁 … 500cc
- みそ … 大さじ2.5

豆乳を加えたまろやか味のみそ汁
232kcal

材料［約2杯分］
- ゆでもやし（P.11）… 1/2袋分
- ゆで小松菜（P.10）… 50g
- 豚ひき肉 … 30g
- しょうが（せん切り）… 薄切り3枚分
- だし汁 … 400cc
- 豆乳 … 100cc
- みそ … 大さじ2.5

食物繊維たっぷりの根菜のみそ汁
178kcal

材料［約2杯分］
- 大根（イチョウ切り）… 2.5cm分
- 細ごぼう（斜め切り）… 10cm分
- ニンジン（イチョウ切り）… 3cm分
- 鶏ひき肉 … 30g
- だし汁 … 500cc
- みそ … 大さじ2.5

こんな洋風の材料もおいしく
198kcal
材料［約2杯分］
　キャベツ（3cm角切り）… 1枚
　ベーコン（短冊切り）… 1枚
　タマネギ（くし形切り）… 1/4個
　ズッキーニ（縦4つ割2cm幅）… 1/2本
　だし汁… 500cc
　みそ … 大さじ2.5

牛肉には春菊のような
香りの強い野菜を
328kcal
材料［約2杯分］
　白菜（短冊切り）… 1枚
　長ネギ（斜めぶつ切り）…10cm分
　ゆで春菊（P.10）… 40g
　ゆで牛薄切り（P.31）… 50g
　だし汁 … 500cc
　みそ … 大さじ2.5

鮭を使った、変わりみそ汁
308kcal
材料［約2杯分］
　豆腐（くずして入れる）… 1/4丁
　大根（短冊切り）… 3cm分
　細ネギ（ザク切り）… 1本
　塩サケ（ぶつ切り）… 1切れ
　だし汁 … 500cc
　みそ…大さじ2
※塩サケの塩分があるので、みその量は
味をみながら調整する。

トマトジュースのミネストローネ

366kcal

うちの冷蔵庫には必ず入ってるトマトジュース。トマト缶などを買わずにできるから、気軽に作れます。

材料［約2杯分］

- キャベツ … 1枚
- タマネギ … 1/4個
- ニンジン … 3cm
- ジャガイモ … 1個
- ウインナーソーセージ … 2本
- ニンニク … 1片
- オリーブオイル … 小さじ2
- 水 … 400cc
- 固形コンソメスープの素 … 1個
- トマトジュース … 200cc
- 塩 … 小さじ1/3
- コショウ … 少々
- スライスチーズ（好みで） … 1枚

作り方

1. キャベツは3cm角、タマネギは2cm角、ニンジンは1cm角、ジャガイモは1.5cm角、ソーセージはぶつ切り、ニンニクは薄切りにする。
2. 鍋にオリーブオイル、野菜、ソーセージ、ニンニクを入れて、弱火で5分ほど炒める。
3. 水、コンソメスープの素を加えて7分ほど中火で煮、トマトジュースを加えて、塩・コショウで味を調える。器に盛り、好みでスライスチーズをのせる。

じっくり炒めて野菜の旨みを引き出して

カレー風味の野菜スープ

豆乳のまろやかさとカレーの香りで、食欲がないときでもスイスイ食べられます。

226kcal

材料 [約2杯分]

- ズッキーニ … 1/2本
- タマネギ … 1/4個
- ベーコン … 1枚
- ショウガすりおろし … 小さじ1/3
- ニンニクすりおろし … 小さじ1/6

- バター … 小さじ2
- カレー粉 … 小さじ1
- 水 … 400cc
- 固形コンソメスープの素 … 1個
- 豆乳 … 100cc
- しょうゆ … 小さじ2
- 塩・コショウ … 各少々

作り方

1. ズッキーニは厚さ1cmの半月切り、タマネギは薄切り、ベーコンは短冊切りにする。鍋に中火でバターを溶かし、具材を入れて5分ほど炒める。
2. カレー粉を加えて炒め、香りが出たら、ショウガ、ニンニク、水、コンソメスープの素を入れて中火で5分ほど煮る。
3. 豆乳、しょうゆを加え、塩・コショウで味を調える。

コンソメバターしょうゆスープ

和風の具材でコンソメのスープを作ったら、とってもやさしい味になりました。

438kcal

材料 [約2杯分]

- ごぼう（細いもの）… 1本
- 長ネギ … 1/2本
- 大根 … 3cm
- ニンジン … 3cm
- ゆで牛薄切り（P.31）… 50g

- バター … 大さじ1
- 水 … 600cc
- 固形コンソメスープの素 … 1個
- しょうゆ … 小さじ1.5
- 黒コショウ（好みで）… 少々

作り方

1 ごぼうはタワシでこすって洗い、斜め薄切りに、長ネギは斜め薄切り、大根とニンジンは短冊切りにする。

2 鍋に中火でバターを溶かし、野菜を入れて5分ほど炒める。

3 牛肉、水、コンソメスープの素を加え、大根がやわらかくなるまで7分ほど弱火で煮て、しょうゆで調味する。好みで黒コショウをふっていただく。

かんたんサンラータン

酢っぱ辛い中国のスープ、サンラータンも、鶏スープの素を使えばあっという間に本格味。

268kcal

材料 [約2杯分]

- 白菜 … 1枚
- 長ネギ … 1/2本
- ゆで豚薄切り (P.31) … 50g
- 卵 … 1個

- 水 … 600cc
- 顆粒鶏スープの素 … 小さじ2
- 塩 … 小さじ1/3
- 酢 … 大さじ1
- 黒コショウ … 適量

→ 私は小さじ1/5くらいたっぷり入れます

作り方

1. 白菜は繊維を切る方向で1cm幅に、長ネギは斜め薄切りに切る。
2. 鍋に卵以外の具、水、鶏スープの素を入れ、弱火で5分ほど煮て、塩で調味する。
3. 卵を割りほぐして入れ、酢を加えてできあがり。器にたっぷりの黒コショウを挽き入れ、スープを注ぐ。

→ 香りが違うので、ぜひ挽きたてを！

しょうゆけんちん汁

根菜類がたっぷりとれて、食べ応えもあります。多めに作り、翌日味がしみた汁でうどんにするのもおススメ。

344 kcal

材料 [約2杯分]

- 大根 … 3cm
- ニンジン … 3cm
- ごぼう（細いもの）… 1/2本
- 長ネギ … 1/2本
- ゆで鶏もも肉（P.30）… 1/4枚
- 豆腐 … 1/4丁

- サラダ油 … 小さじ2
- 水 … 600cc
- 顆粒かつおだし … 小さじ1
- しょうゆ … 大さじ1

作り方

1. 大根は1.5cm角、ニンジンは1cm角に切る。ごぼうはタワシでこすって洗い、1cmのぶつ切り、長ネギは縦半分に割ってぶつ切り、鶏肉は2cm角、豆腐は食べやすく切る。
2. 鍋にサラダ油を弱火で熱し、野菜を3分ほど炒め、鶏肉、水、かつおだしを加えて中火で10分煮る。
3. 豆腐を入れ、しょうゆで調味してできあがり。煮つまり具合によって味に差が出るので、味をみて水、しょうゆで調整する。

ダブルだしの塩ちゃんこ汁

鶏スープとかつおだしのダブル使いで、お店で食べるような深いコクが再現できます。
216kcal

材料［約2杯分］
- ゆでもやし（P.11）… 1/2袋分
- キャベツ … 1枚
- 長ネギ … 1/2本
- 豚ひき肉 … 50g
- 豆腐 … 1/4丁
- 油揚げ … 1/4枚
- ショウガすりおろし … 小さじ1
- ニンニクすりおろし … 小さじ1/3

- 水 … 600cc
- 顆粒鶏スープの素 … 小さじ1/2
- 顆粒かつおだし … 小さじ1/2
- 塩 … 小さじ1/2

作り方
1. キャベツは3cm角、長ネギはぶつ切り、豆腐は2cm角、油揚げは1cm幅の短冊に切る。
2. 鍋に水、ショウガ・ニンニクのすりおろし、鶏スープの素、かつおだし、塩を入れて煮立てる。
3. もやしと1を入れ、**ひき肉は人さし指の先くらいの大きさにつまんで入れる**。具に火が通ったらできあがり。

丸めなくても、火が通れば肉団子風に

肉はゆで汁ごと冷蔵保存しておけば、調理時間もぐっと短縮。

肉類も、いくら小さなパックを買っても、1人分にはちょっと多い。私は野菜同様、お肉もゆでて、ゆで汁ごと保存します。この「ゆで汁ごと」が重要。空気に触れないのでお肉が長持ちし、パサつかずに最後までお

鶏

鶏肉は切らずにもも肉20分、胸肉10分、ささみは5分ゆでます。ゆで汁はコラーゲンたっぷり。1ℓの湯に対して2〜3枚、写真のようにゆで汁に肉がひたるくらいが目安です。

いしくいただけます。少量ずつ取り出しやすく、使い方もいろいろ。すでに火が通っているので、調理時間がぐっと短縮できます。ゆで汁にはお肉の旨みが出ているので、捨てずに活用しましょう。煮物や汁物をとってもおいしくしてくれますよ。

> 肉をゆでるとき、湯に顆粒鶏ガラスープの素を入れると、肉に旨みが加わりゆで汁もおいしくなります。目安は鶏をゆでるときは1ℓの湯にスープの素を小さじ1。火の通りやすい豚と牛の薄切りは、500ccの湯に小さじ1/2程度。冷めてからゆで汁ごと容器に入れて、冷蔵庫で保存しましょう。保存期間は5日〜1週間程度です。

牛

しゃぶしゃぶ用やすき焼き用など、薄切り肉が保存向き。ゆで時間は沸騰した湯に入れて色が変わるまで、2〜3分。あくが出やすいので、丁寧に取って保存容器に入れましょう。

豚

バラやロースなど、薄切リ肉なら何でも。食べやすい大きさに切り、沸騰した湯に入れて2〜3分で色が変わればOK。豚、牛とも500ccの湯に対して1パック、200〜300gの肉をしゃぶしゃぶの要領でゆでては取り出し、を繰り返して。

ゆで鶏のスライス

ゆでて保存しておいたもも肉を、スライスしただけ。お酒のおつまみや、急なおもてなし料理にも活躍してくれます。

463kcal

材料[1.5人分]
ゆで鶏もも肉 … 1枚分
キュウリの塩和え(P.11)… 適量

作り方
1 ゆで鶏もも肉を1cm幅に切る。
2 器に盛り、キュウリの塩和えを水気を絞って添える。キュウリの塩和えは保存したものがなければ、キュウリをスライスして塩をまぶし、2〜3分たったら絞る。
3 好みのタレをつけていただく。

肉のゆで汁にはコラーゲンがたっぷり

肉をゆでたゆで汁には、肉の旨みはもちろん、冷蔵庫に入れておくと、写真のようにゼリー状になるくらいコラーゲンもたっぷり。煮汁やスープなどにこれを利用しない手はありません！

つけダレ4種

ゆずこしょう+ポン酢

わさび+しょうゆ

すりごま+マヨネーズ+
めんつゆ（3倍濃縮タイプ）
すべて小さじ1

練りからし+しょうゆ

筑前煮

ご飯が進む、しっかり味の煮物。
鶏のゆで汁を使えば、旨みもアップ。
294kcal

材料［1人分］

- ゆで鶏もも肉 … 1/2枚分
- ニンジン … 3cm
- ゆでタケノコ … 80g
- シイタケ … 2枚

- 鶏肉ゆで汁 … 100cc
- 水 … 200cc
- しょうゆ … 大さじ1
- 砂糖 … 小さじ1.5

作り方

1. 鶏肉は4cm角、ニンジンとタケノコは乱切り、シイタケは石づきをとり四つ割りにする。
2. 鍋に材料を全部入れて強火で煮立て、落としぶたをして、弱火で煮汁が鍋底から1cmくらいになるまで煮る。煮汁を全体にからめる。

アボカドチキンサラダ

材料を切って混ぜるだけ。ゆで肉があればすぐできる、ボリュームサラダ。
456kcal

材料 [1人分]

- ゆで鶏もも肉または胸肉 … 1/2枚
- アボカド … 1/2個
- タマネギみじん切り … 大さじ1
- レーズン … 小さじ1
- サニーレタス（あれば）… 適量

- マヨネーズ … 大さじ1
- カレー粉 … 小さじ1/2
- 塩 … 小さじ1/3
- コショウ … 少々

作り方

1. 鶏肉は2cm角、アボカドは種をとり、皮をむいて1.5cm角に切る。レーズンは粗みじんに。
2. **タマネギとマヨネーズを混ぜて5分おく。** ← 辛みが消えます
3. すべての材料を混ぜる。あればサニーレタスを器にしき、盛りつける。

チキンご飯サンド

忙しいときのお弁当にもぴったり。女性ならひとつでしっかり1食分になります。
464kcal

材料 [1人分]

- ゆで鶏もも肉 … 1/4枚分
- タマネギ薄切り … 少々
- ご飯 … 茶碗に軽く1杯
- のり … 1/2枚
- サニーレタス … 1/2枚
- マヨネーズ … 大さじ1
- 練りからし … 小さじ1/2
- しょうゆ … 小さじ1/2

作り方

1. 鶏肉は粗くほぐし、マヨネーズ、からし、しょうゆを混ぜておく。タマネギは冷水でさっと洗い水気をきる。
2. ラップの上にのりを置き、ご飯をひろげ、半分のスペースにサニーレタス、鶏肉、タマネギをのせる。
3. たたむように具をはさみ、ラップで包んでしっかりと押して密着。ラップごと半分に切る。

パン切り包丁で切るときれいに切れます

鶏スープかけご飯

鶏肉のゆで汁はお肌にうれしいコラーゲンがたっぷり。味の濃い漬け物がアクセントに。

399kcal

材料 [1人分]

- ゆで鶏もも肉または胸肉 … 1/4枚分
- 大根のみそ漬け … 1切れ
- 万能ネギ … 1本
- ご飯 … 適量
- 大葉のせん切り（あれば）… 1枚分
- 鶏肉ゆで汁 … 200cc
- 水 … 100cc
- 顆粒かつおだし … 小さじ1/4
- しょうゆ … 小さじ1/2
- 塩 … 小さじ1/3

P.111のよく漬かったみそ漬けがおすすめ

作り方

1. 鶏肉は粗くほぐす。大根のみそ漬けは5mm角、万能ネギは小口切りにする。
2. 鍋にゆで汁、水、調味料を入れて煮立たせる。
3. ご飯を茶碗に盛り、鶏肉とみそ漬けをのせ、汁をかける。万能ネギとあれば大葉を散らす。

ホイコーロー

たまにはガッツリ食べたい日もある。ご飯をおかわりしたくなる、危ないおかず。

314kcal

材料[1人分]

- ゆで豚薄切り… 50g
- キャベツ… 2枚
- 長ネギ… 1/2本
- ニンニク… 1/2片
- 赤唐辛子輪切り… 少々
- ゴマ油… 小さじ2
- 赤みそ… 小さじ2
- 酒… 小さじ2
- 砂糖… 小さじ1

作り方

1. キャベツは4㎝角、長ネギとニンニクは薄切りにする。調味料は混ぜておく。
2. フライパンにゴマ油とニンニクを入れて中火で熱し、焦がさないように炒める。香りが立ったらキャベツと長ネギを入れて、しんなりするまで3分ほど炒める。
3. 豚肉、赤唐辛子、調味料を加え**強火で炒め合わせる**。

ゆで肉は肉同士が離れやすく、炒め合わせもラク

(ゆで)豚

ホイコーローと同じ手順で味違いの炒め物

キャベツと豚肉のショウガ炒め
259kcal

材料［1人分］

- ゆで豚薄切り…50g
- キャベツ（3cm角切り）…2枚
- いんげん（斜め薄切り）…3本
- ショウガすりおろし…小さじ1.5
- ゴマ油…小さじ2
- しょうゆ…小さじ2

◎ショウガは肉に火が通ってから入れる。

小松菜と豚肉のオイスターソース炒め
267kcal

材料［1人分］

- ゆで豚薄切り…50g
- ゆで小松菜(P.10)…6株程度
- ショウガせん切り…薄切り4枚分
- ニンニクせん切り…1/2片分
- 赤唐辛子輪切り…少々
- サラダ油…小さじ2
- しょうゆ…小さじ2
- オイスターソース…小さじ1
- 塩・コショウ…各少々
- 片栗粉…小さじ1/4
- 水…小さじ1

◎最初にショウガ・ニンニク・赤唐辛子を香りが出るまで炒めてから材料を入れる。
◎調味料・片栗粉・水は最初に混ぜ合わせておく。

セロリと豚肉の塩炒め
242kcal

材料［1人分］

- ゆで豚薄切り…50g
- セロリ（斜め薄切り）…1本
- ショウガせん切り…薄切り3枚分
- ニンニクせん切り…1/2片分
- 赤唐辛子輪切り…少々
- ゴマ油…小さじ2
- 塩…小さじ1/3
- 顆粒鶏スープの素…小さじ1/4
- コショウ…少々

◎ショウガ・ニンニクは先に香りが出るまで炒める。

ナスと豚肉の田舎煮

材料を一度に鍋に入れて煮るだけのカンタン煮物。
夏は冷やしてもおいしくいただけます。
215kcal

材料 [1人分]
- ゆで豚薄切り … 50g
- ナス … 2本
- ショウガせん切り … 薄切り4枚分

- 水…200cc
- めんつゆ（3倍濃縮タイプ）… 大さじ2

作り方
1. ナスはヘタをとり、縦四つ割りにして長さを半分に切る。
2. 鍋に材料をすべて入れて中火で煮立て、あくをとる。
3. 落としぶたをして中火のまま10分煮る。

厚揚げと豚肉の甘辛煮

396kcal

厚揚げや油揚げの油抜きは紙タオルで押さえる程度。最近の商品はそれで十分。油でコクが増します。

材料 [1人分]

- ゆで豚薄切り … 50g
- <u>絹厚揚げ</u> … 1枚 　**口当たりのやわらかい、絹の厚揚げがおススメ**
- ショウガせん切り … 薄切り3枚分

- 豚肉のゆで汁 … 100cc
- 水 … 100cc
- しょうゆ…小さじ2強
- 砂糖…小さじ1

作り方

1. 厚揚げの油が気になるときは紙タオルで押さえ、一口大に切る。
2. 材料をすべて鍋に入れ、中火で煮立てる。
3. 煮立ったら弱火にし、落としぶたをして、煮汁が鍋底から1.5cmくらいになるまで煮る。

牛しゃぶサラダ

お肉たっぷりのおかずサラダ。野菜は何でもOK。ゆでてある保存野菜を使っても。

321kcal

材料 [1人分]

- ゆで牛薄切り … 50g
- レタス … 1枚
- サニーレタス … 1枚
- キュウリ … 1/2本
- 大葉 … 3枚
- ミョウガ … 1個
- 白ゴマ … 小さじ1

[ドレッシング]
- しょうゆ … 小さじ2
- レモン汁 … 小さじ2
- オリーブオイル … 小さじ2
- ゆずこしょう … 小さじ1/3

作り方

1. レタスとサニーレタスは一口大にちぎり、キュウリは細切り、大葉はせん切りにする。ミョウガは縦半分に切ってから斜め薄切りにする。
2. 切った野菜を混ぜ合わせて器に盛り、牛肉をのせ、白ゴマをかける。
3. ドレッシングの材料を混ぜ合わせて回しかける。

ドレッシングは自分で作りましょう。

冷蔵庫の中に使いかけのドレッシングのビンが何本も、なんていうことありませんか？　一人暮らしで市販のドレッシングを買うと、途中で飽きて使いきれないことがしばしば。だから自分で作るのがおススメ。油分、酸味、塩分が混ざっていれば、調味料は何でもOK。たとえばポン酢とゴマ油を混ぜただけで中華ドレッシングに。好みで辛味や薬味を足して。

ゆで牛

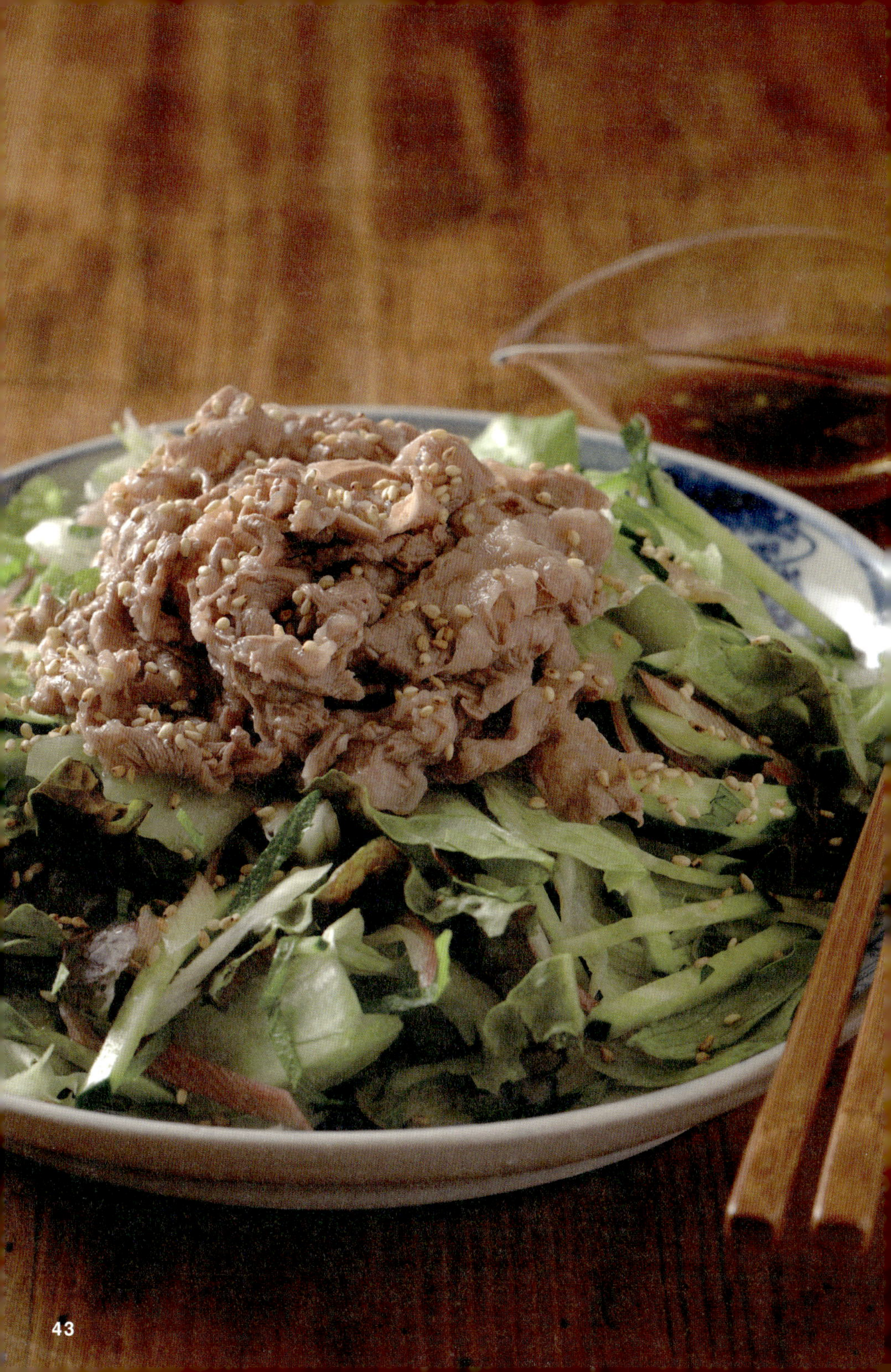

牛肉とマッシュルームのクリーム煮

生クリーム＋コンソメスープの素で、本格洋食の味。ご飯にもよく合います。

522kcal

ゆで牛

材料 [1人分]

- ゆで牛薄切り…60g
- タマネギ…1/4個
- **マッシュルーム**…3個（今回は生を使っていますが缶詰でもOK）
- スナップエンドウの塩ゆで（あれば）…3本

- 小麦粉…小さじ1
- バター…小さじ1
- 固形コンソメスープの素…1/4個（このときにスープの素をへらでつぶして）
- 生クリーム…50cc
- 塩・コショウ…各少々

作り方

1. ゆで牛肉に小麦粉をまぶす。タマネギは薄切り、マッシュルームは石づきをとり四つ割りにする。
2. フライパンを中火で熱してバターを溶かし、タマネギを薄く茶色になるまで炒め、牛肉、マッシュルームを加えて炒め合わせる。
3. 肉の粉っぽさがなくなったらコンソメスープの素、**生クリームを加え混ぜながら煮立てる**。塩・コショウで調味し、あればゆでたスナップエンドウを食べやすい大きさに切り、加える。

肉豆腐

牛肉の旨みが豆腐や野菜をおいしくしてくれます。おかずはもちろん、お酒のつまみにも。

358kcal

材料[1人分]

ゆで牛薄切り … 50g
長ネギ … 1/2本
木綿豆腐 … 1/2丁

牛肉ゆで汁 … 100cc
水 … 200cc
しょうゆ … 大さじ1
砂糖 … 大さじ1/2
七味唐辛子(好みで) … 少々

作り方

1 長ネギは斜め薄切りに、豆腐は厚みと大きさをそれぞれ半分に切る。
2 鍋に材料をすべて入れて、中火で煮立てる。
3 煮立ったら弱火にし、落としぶたをして煮汁が鍋底から2cmくらいになるまで煮る。好みで七味唐辛子をふっていただく。

ゆで牛

牛肉と春菊の韓国風さっと煮

保存してあるゆで肉とゆで野菜を使えばすぐできる、文字通りさっと煮。最後にご飯を入れてクッパにしてもおいしくいただけます。

334kcal

材料［1人分］

- ゆで牛薄切り … 50g
- ゆで春菊（P.10）… 100g
- ショウガせん切り … 薄切り3枚分
- ニンニクせん切り … 1/2片分

- 牛肉ゆで汁 … 100cc
- 水 … 100cc
- 白すりゴマ … 大さじ1
- 韓国粉唐辛子 … 大さじ1
- しょうゆ … 大さじ1弱
- みそ … 大さじ1/2
- 顆粒鶏スープの素 … 小さじ1

> 香りが良いのでおススメ。なければ一味唐辛子を少なめに

作り方

1. ゆで春菊は軽く水気をしぼり、ざく切りにする。
2. 鍋にゆで汁、水、調味料を入れて沸騰させ、ショウガ、ニンニクを入れて中火でさっと煮る。
3. 牛肉、春菊を入れて2分ほど煮てできあがり。

ゆで牛

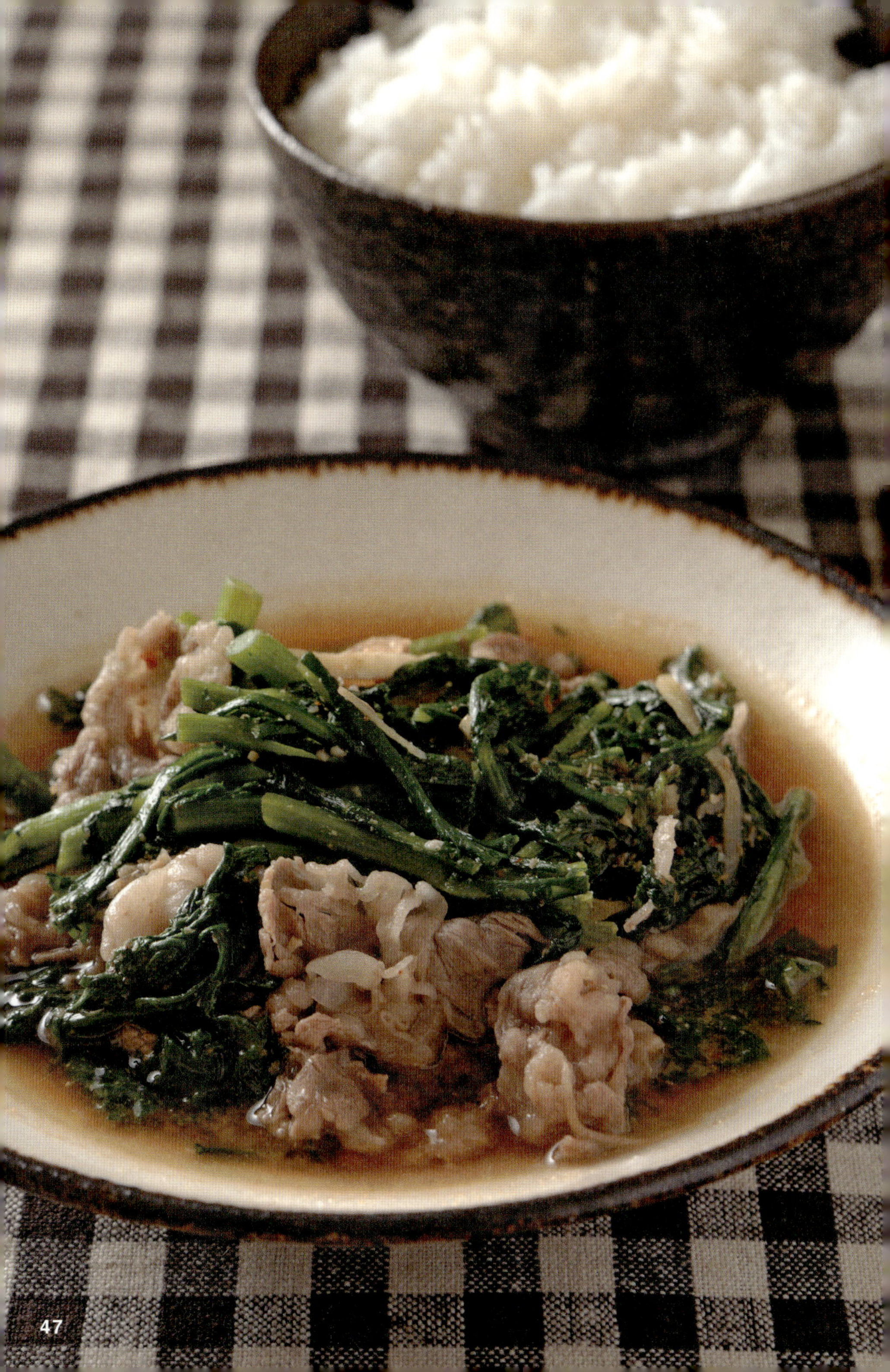

豚肉と大根のオイスターソース煮

175kcal

1人分の煮物なら、なるべく手間は少なくしたい。オイスターソースを使うこの料理は、大根の下ゆでがいりません。

材料［1人分］

豚薄切り肉 … 50g
大根 … 4cm
ショウガ薄切り … 4枚
ニンニク … 1/2片
シシトウ（あれば）… 3本
水 … 100cc
オイスターソース … 小さじ1.5
しょうゆ … 小さじ1.5
水溶き片栗粉 … 片栗粉小さじ1
　　　　　　　　水大さじ1

作り方

1 豚肉は食べやすい大きさに切る。大根は皮をむき、小ぶりの乱切りに。
2 鍋に豚肉、大根、ショウガ、ニンニク、水、調味料を入れ、中火で煮立て、あくをとる。
3 落としぶたをして、煮汁が鍋底から1.5cmくらいになるまで煮、水溶き片栗粉でとろみをつける。あればシシトウをフライパンで焼いて焦げ目をつけ、添える。

ひらひら肉とひき肉は火が通りやすい。
だから、時短おかずの強い味方。

1人分のごはんは、短い時間でパッと作れることが基本ですよね。私がひらひら肉と呼んでいる薄切り肉やひき肉は、あっという間に火が通るので、時短おかずの強い味方です。豚の角煮を作るには普通2時間くらいかかるけど、同じ味付けでひらひら肉を使った角煮ふうなら15分。ほら、これなら作る気になるでしょ？

少しの量でもお肉を使えば、野菜のおいしさもアップ。年齢が上がるにつれ好みが変わり、たんぱく質や脂質がどうしても不足しがちに。だから私も意識的にお肉を使っています。パックで買って必要な分を使ったら、あとは前章でご紹介したように、ゆでて保存してしまいましょう。ひき肉は味をつけてそぼろにすれば、生より長持ちします。

豚肉とレンコンのきんぴら

豚肉を入れることで、きんぴらが食べ応えのある一品に。ゴマ油の香りが食欲をそそります。
253kcal

材料 [1人分]
- 豚薄切り肉 … 50g
- レンコン … 1/2節（80gくらい）
- 赤唐辛子の輪切り … 少々
- ゴマ油 … 小さじ1.5
- 砂糖 … 小さじ1.5
- しょうゆ … 大さじ1弱
- 七味唐辛子（好みで）… 適量

作り方
1. 豚肉は食べやすい大きさに切る。レンコンは皮をむいて薄い半月切りにする。
2. フライパンにゴマ油を中火で熱し、レンコンを火が通るまで2、3分炒める。
3. 豚肉、赤唐辛子を加えて炒め、**調味料を入れたらしっかり水分を飛ばしてから**める。好みで七味唐辛子をふる。

> レンコンは調味料を入れたら水分が出てくるのでよく炒めて

牛肉としらたきの すき焼き煮

私はしらたきが大好き。私にとってはしらたきを食べるための料理です。牛肉の旨みがしみ込んだしらたきを食べるための料理です。

408kcal

材料［1人分］

- 牛薄切り肉 … 100g
- タマネギ … 1/2個
- しらたき（あく抜き済み）… 100g
- 紅ショウガ … 適量

- 水 … 100cc
- しょうゆ … 大さじ1.5
- 砂糖 … 大さじ2/3

作り方

1. 牛肉は食べやすい大きさに、タマネギはくし形に切る。**しらたきはざっと洗ってざく切りにする。**
2. 鍋に牛肉、タマネギ、しらたき、水、調味料を入れて中火で煮立て、あくをとる。
3. 煮汁が鍋底から1cmくらいになるまで煮る。器に盛り、紅ショウガを添える。

あく抜き済みのものを買えば、これだけでOK

鶏ひき肉と冬瓜のくず煮

口の中でやさしくくずれる冬瓜のおいしさを味わって。カブを使ってもおいしくできます。

136kcal

材料 [1人分]

- 鶏ひき肉 … 50g
- 冬瓜 … 1/4個
- 大根の葉（冷凍、P.115）… 少々

- 水 … 250cc
- 顆粒かつおだし … 小さじ1/2
- 薄口しょうゆ … 小さじ1.5
- 塩 … 小さじ1/2
- 水溶き片栗粉 … 片栗粉小さじ1.5
  　　　　　　　水大さじ1

小さな塊にすると食べやすい

作り方

1. 冬瓜はワタをとり、5cm角に切って厚く皮をむき、4分ほどゆでてゆで汁をきる。
2. 鍋に水、かつおだしを入れて煮立て、**鶏ひき肉を指でつまんで入れる**。ゆでた冬瓜、調味料を入れて中火で5分ほど煮る。
3. 冬瓜がやわらかくなったら弱火にし、水溶き片栗粉を加え、混ぜながらとろみをつける。冷凍した大根の葉を加えてひと混ぜし、器に盛る。

ひき肉を使った煮物は肉をつまんで入れる。

ひき肉はすぐに火が通り、使いやすいので、炒め物や煮物にも大活躍。私は煮物の場合、ぽろぽろには崩さず、指でつまんで入れています。そうするとお箸でも食べやすく、肉団子風で食べ応えもアップ。肉団子を作るのは面倒ですが、これならラクチン。ひき肉は傷みやすいので、買ったら一両日中に使い切りたいですね。

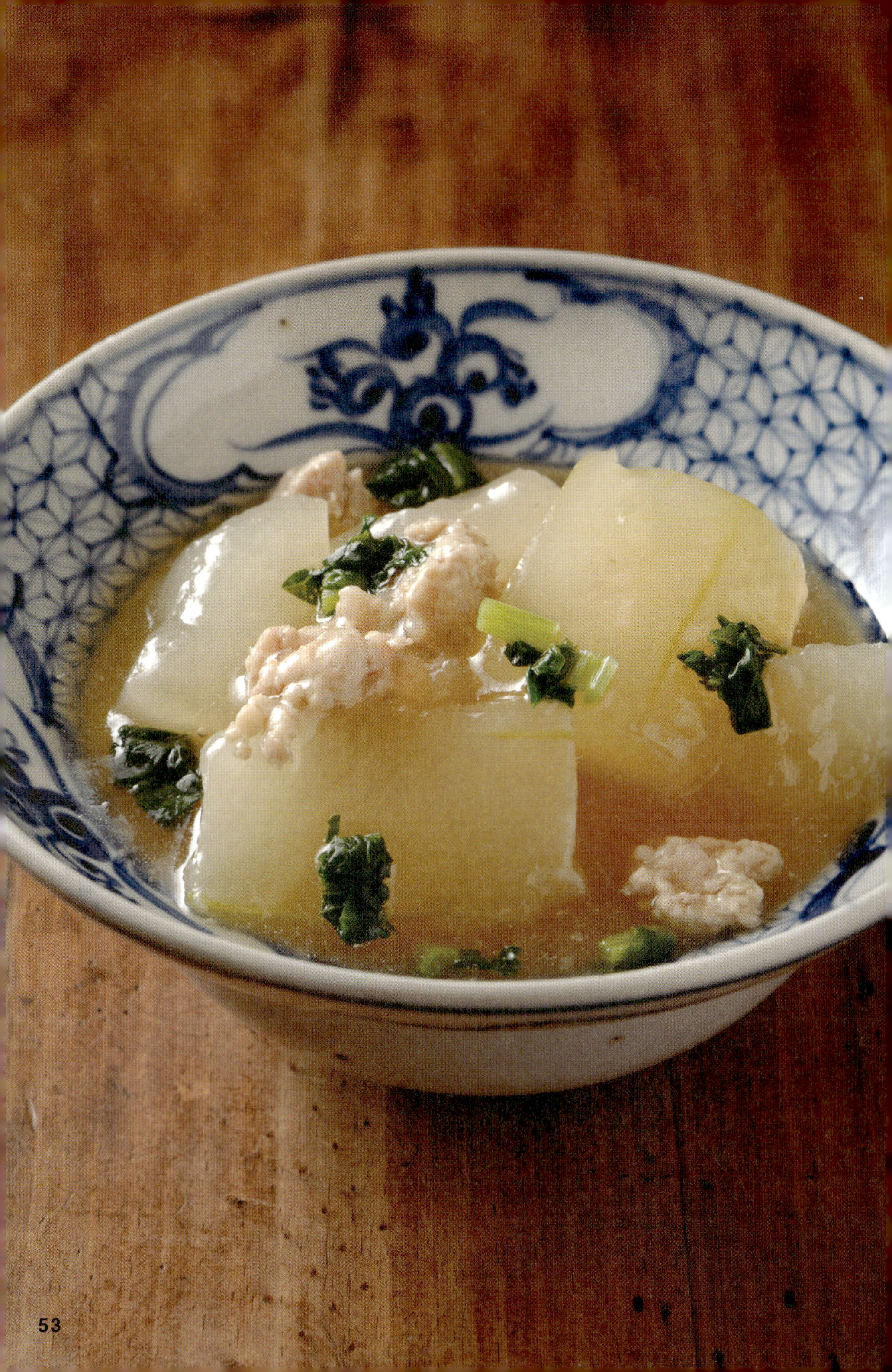

鯛茶漬け

56ページの「鯛のごまかし」をアツアツのご飯にのせ、上から熱湯をかけるだけでおいしい鯛茶漬けになります。お店ではだし汁をかけるところもありますが、鯛の旨みが出るので、熱湯でも十分おいしくできます。

魚料理は1人分なら刺身用パックを活用しましょう。

お刺身って"サク"と切ってあるものでは、結構値段が違います。比べるとサクのほうが断然お得！ でもサクだと1人じゃ食べきれないし、かと言って割高感のある刺身を買うのもちょっと悔しい。悩みますよね。

私は思いきってサクで買い、当日お刺身で食べたら、翌日以降は違う魚料理としていただきます。じつはお刺身のサクって、とっても便利。だって下ごしらえがいらないんですから。お刺身活用料理のバリエーションをいくつかもっていれば、より大きな単位で売っている市場でも、安くて新鮮なサクが買えちゃいます。

ここではサクで買ったお刺身を使っていますが、切ったものでも大丈夫。その場合は加熱時間を調整してください。

鯛のごまかし

「ごまかし」は私の造語。ゴマとしょうゆをまぶすことで、リーズナブルな鯛でも味がごまかせちゃうから。

176kcal

材料[1人分]

鯛の刺身 … 70g
山椒の葉（あれば）… 1枚

白すりゴマ … 大さじ1
しょうゆ … 小さじ1

作り方

1 鯛の刺身は薄切りにして、すりゴマ、しょうゆをまぶす。
2 器に盛り、あれば山椒の葉をのせ、香りと彩りを添える。

ブリと長ネギの水炊き

357kcal

ブリのように脂のあるお魚は、火を通してもおいしいですよね。お刺身用なので、しゃぶしゃぶのように半生でいただいても。

材料[1人分]

- ブリの刺身 … 100g
- 長ネギ … 1本
- 木綿豆腐 … 1/4丁
- 水 … 500cc
- ポン酢 … 適量
- ゆずこしょう または七味唐辛子（好みで）… 適量

作り方

1. ブリの刺身は5mmの厚さに切る。長ネギは斜め薄切りに、豆腐は食べやすい大きさに切る。
2. 鍋に水を入れて、長ネギ、豆腐を入れ、中火にかける。
3. 長ネギがやわらかくなったらブリを入れ、さっと煮てポン酢でいただく。好みでゆずこしょうや七味唐辛子をポン酢に入れて。

旨みを足したい場合にはだし昆布を3cmくらい入れる

白身魚の昆布じめ

昆布じめにするだけで1週間は保存がききます。作った翌日から食べられるので、食べたい分だけを切り出し、残りは昆布とラップで包んで冷蔵しておきます。

396kcal（写真の分量の場合）

材料［買いやすい分量］

<u>刺身（白身魚、鮭、エビなど）</u>
…適量
だし昆布
…包みたい刺身の大きさの倍の量を用意

キュウリの塩和え（P.11）、
わかめの戻したもの、大葉（あれば）
…各適量
ショウガのせん切り、わさび（好みで）
…各適量
しょうゆ…適量

> 鮭もじつは
> 白身魚の仲間。
> 必ず新鮮な
> 刺身を使うこと

作り方

1. ラップにだし昆布をしき、刺身をサクのままのせる。
2. 刺身の上にもだし昆布をのせ、ラップで包んで冷蔵庫で保存する。
3. 昆布じめを薄切りにして器に盛り、あればキュウリの塩和えやわかめの戻したもの、好みでショウガのせん切り、わさびを添え、しょうゆでいただく。

だし昆布は小さなものを並べて使ってもOK。写真は鯛です。

空気が入らないようにラップでぴっちりと包んで。

昆布の粘りけがあるので糸を引きますが、傷んでいるのではなく、旨みがしみてきた証拠。

アジのタタキの団子焼き

アジやサンマ、イワシなどの青魚の刺身が残ったらこんな料理がおススメ。お豆腐を入れることで口あたりがよくなり、刺身が少なくても増量できます。

137kcal

材料［1人分］
- アジの刺身 … 50g（約1尾分）
- 万能ネギ … 2本
- 木綿豆腐 … 1/8丁

- みそ … 小さじ1
- 片栗粉 … 小さじ1
- サラダ油 … 小さじ1/2
- ショウガすりおろし … 少々
- しょうゆ … 適量

作り方
1. アジの刺身は包丁でねっとりするまでたたき、万能ネギは小口切りにして、豆腐、みそ、片栗粉とよく混ぜて**ひと口大の団子にする**。
2. フライパンにサラダ油を中火で熱し、団子を並べる。
3. 片面2分ずつほど焼いて、中まで火が通ったらショウガじょうゆでいただく。

> 小さめのほうが焼くときに返しやすい

豆腐はすぐにくずれるので、切らずに入れて大丈夫。

バットにサラダ油を薄くのばしておくと、くっつきづらい。この分量で直径3cmほどの団子が5個できます。

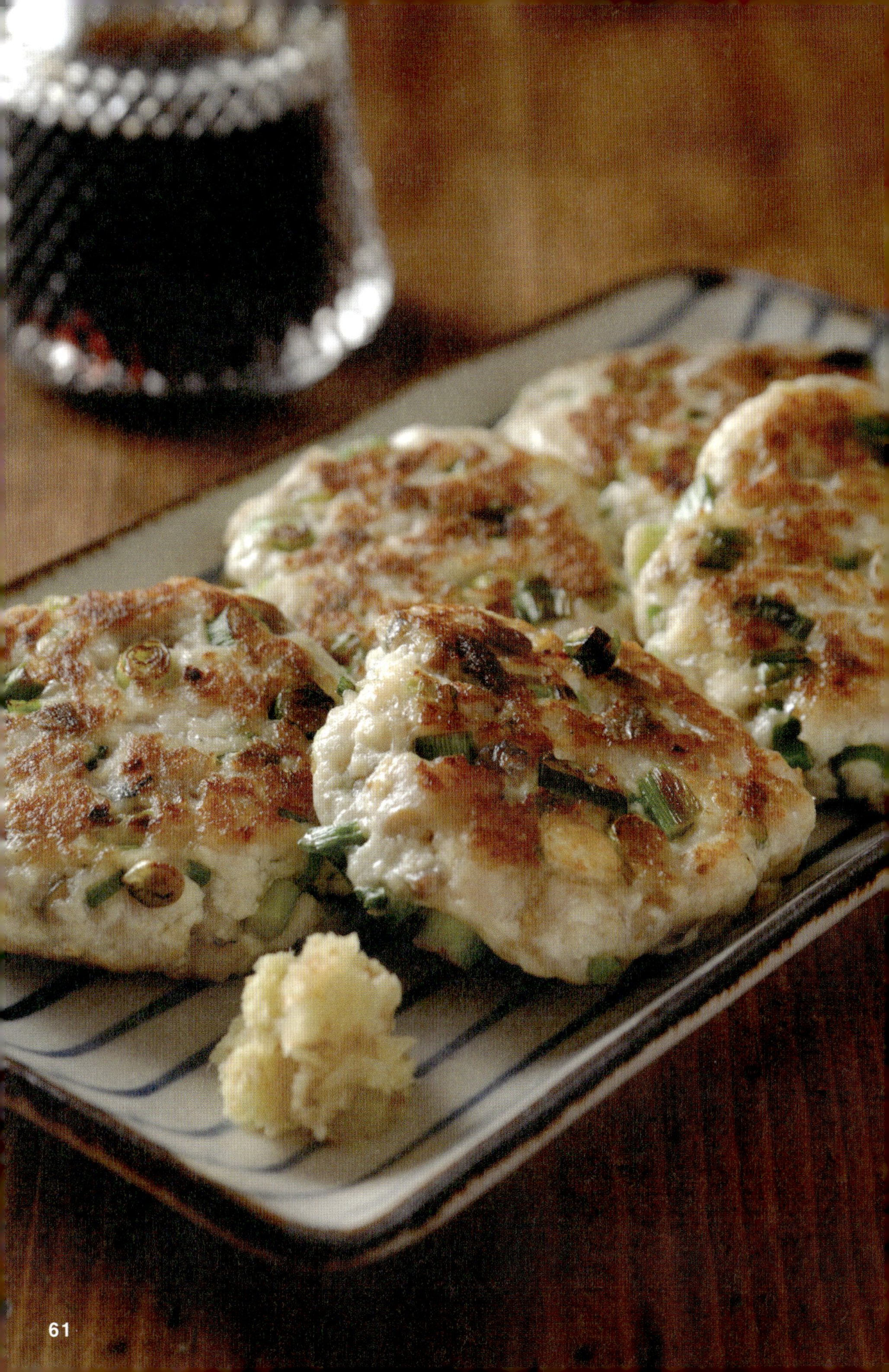

目玉焼きの甘酢あんかけ

260kcal

材料［1人分］

- パプリカ … 1/4個
- 卵 … 2個
- ミツバ（あれば）… 少々

- サラダ油 … 小さじ1
- 水 … 100cc
- 酢 … 大さじ1
- 砂糖 … 大さじ1
- しょうゆ … 小さじ2
- 片栗粉 … 小さじ1.5

作り方

1. パプリカは短冊切りにする。水と調味料、片栗粉を混ぜておく。
2. フライパンにサラダ油を中火で熱し、卵を割り入れる。白身が半熟になったら、菜箸で端をつかんで二つ折りにし、ふたをして20秒加熱後、取り出しておく。
3. フライパンにパプリカを入れて中火で炒め、水と調味料を入れる。卵を戻し、とろみがつくまで煮る。器に盛り、あればミツバを散らす。

卵は1人分ごはんの優等生。
常備しておけばメインにも、主食にも。

卵は日持ちがするし、1個ずつの少量で使えるから、1人分のごはんにとっても便利。工夫次第でメインのおかずに、主食にと、幅広く活用できます。

たとえば右ページで紹介している、目玉焼きの甘酢あんかけ。朝食の定番、目玉焼きに具入りの甘酢あんをからめただけで、あっという間に夕飯のメインにもなる立派なおか

ずに早変わり。手軽に摂れるたんぱく源でもある卵は、野菜とともに主食に加えればバランス的にも◎です。

生で、ゆでて、焼いてと調理法もいろいろですが、それぞれ食感がまったく違うのも卵のおもしろさ。私の冷蔵庫に卵がない日はありません。卵料理のレパートリーを増やせば、ごはん作りのラクチン度アッ

プ、まちがいなし！

主菜になる具だくさんの卵焼き

ニラいっぱいの卵焼き
195kcal

材料 [1.5人分]
- ゆでニラ(P.10) … 1/3把分
- 卵 … 2個
- 塩 … 小さじ1/2
- ゴマ油またはサラダ油 … 小さじ1

弱火にせず中火で焼くのがふっくら焼き上げるコツ

作り方
1. ゆでニラは軽く絞り、小口切りにする。卵を割りほぐし、塩とニラを混ぜる。
2. 卵焼き器にゴマ油かサラダ油を**中火で熱**し、卵液の1/3を流し入れ、半熟になったら手前から巻く。
3. 残りの卵液の半量を流し入れ、先に焼いた卵の下にも流し、半熟になったら先に焼いた卵を芯にして巻く。残りも同様に焼く。

もやしとサクラエビの卵焼き
- ゆでもやし(P.11) … 50g
- 乾燥サクラエビ … 大さじ2

煮豚と万能ネギの卵焼き
- 煮豚(P.96) 1cm角切り … 30g
- 万能ネギ小口切り … 1本分

トマト卵チャンプルー

トマトを使ったヘルシーな卵炒め。炒めることで酸味が抑えられるので、生のトマトが苦手な人にもおススメ。
247kcal

材料 [1人分]
- トマト … 1/2個
- 卵 … 2個
- 万能ネギ小口切り … 1本分

- サラダ油 … 小さじ2
- 顆粒鶏スープの素 … 小さじ1/5
- 塩 … 小さじ1/4
- コショウ … 少々
- トマトケチャップ … 小さじ1

作り方
1. トマトはヘタをとり、一口大に切る。フライパンにサラダ油を中火で熱し、トマトを入れ、少し崩れるくらいまで炒める。
2. 卵を割りほぐして1に入れ、強火でゆっくり混ぜ、好みの加減に炒める。
3. 調味料を加え混ぜ、器に盛って万能ネギを散らす。

パンのオムレツ

牛乳にひたすので、余って硬くなったパンでもふわふわに。たんぱく質をはじめ、炭水化物や野菜もとれるバランス食。

485kcal

材料 [1人分]

- 食パン8枚切り … 1枚
- 牛乳 … 大さじ2〜3
- 卵 … 2個
- スライスチーズ … 1枚
- タマネギ … 1/4個
- グリーンアスパラ … 1本
- ウインナーソーセージ … 1本
- 塩・コショウ … 各少々
- バター … 小さじ2
- トマトケチャップ … 適量

作り方

1. 食パンは1.5cm角に切り、牛乳をかける。卵は割りほぐし、塩・コショウ、ちぎったスライスチーズを混ぜる。タマネギは薄切り、グリーンアスパラは根元の硬い部分を落として小口切りに、ソーセージも小口切りにする。
2. フライパンにバターを中火で溶かし、タマネギをあめ色になるまで炒める。グリーンアスパラ、ソーセージを加えて炒め、パンも加え混ぜる。
3. 卵を流し入れ、大きくかき混ぜ半熟にする。片側に寄せて二つに折り、フライパンの側面に沿わせて形を整える。好みでケチャップや炒めたアスパラの穂先を添えて。

釜玉うどん

カンタンなのに、すご〜くおいしい。
具は好みで何をのせても。
コクがでるので天かすはぜひ！

413kcal

材料 [1人分]

- 冷凍またはゆでうどん … 1玉
- 卵黄 … 1個分
- 天かす … 大さじ2
- 万能ネギ小口切り … 2本分
- かつおぶし … 適量

しょうゆ…小さじ2〜大さじ1

作り方

1. うどんはたっぷりの熱湯で好みの硬さにゆでる。<u>どんぶりはあたためておく。</u>
2. うどんのゆで汁をきってどんぶりに入れ、具をのせる。
3. しょうゆをかけ全体を混ぜていただく。

大事！

濃厚卵かけご飯はいかが？

卵の黄身にしょうゆをひと回しかけ、10〜15分置いておきます。それだけで、あら不思議。卵の水分が抜け、黄身がとっても濃厚な味に。アツアツご飯に、しょうゆごとそーっとのせて。

電子レンジは
じつは1人分のごはんこそ、手軽においしく作れるのです。

4人分の煮物を作ろうと思ったら、お鍋で作ったほうが絶対においしくできる。でも1人分なら？ 電子レンジのほうが圧倒的に簡単に、そして同じくらいおいしくできるんです。だから電子レンジは1人分ごはんのつよ～い味方。

電子レンジに向いている食材は、野菜、豆腐、薄切りのお肉など。野菜は加熱時間が少ない分、栄養がほとんど失われません。豆腐はチンしても硬くならないし、薄切り肉なら、火の通りのムラを気にしなくても大丈夫。意外なところではアサリだって、レンジでOK。

煮物なんて材料をレンジで切って調味料と混ぜたら、レンジでチン。申し訳ないくらいに簡単でしょ。

あ、生卵には気を付けて！ ホントに爆発しますから。

材料［1人分］
- ジャガイモ … 1個（200g）
- タマネギ … 1/4個
- ニンジン … 1cm
- 牛薄切り肉 … 50g

- しょうゆ … 大さじ1
- 砂糖 … 大さじ1/2
- 水 … 大さじ1

作り方
1. ジャガイモは一口大、タマネギは5mm幅のくし形に切る。ニンジンは薄いイチョウ切りにする。調味料と水を混ぜておく。
2. 耐熱容器に材料と調味料を入れて混ぜ、ラップをかけて電子レンジ強（500w）で6分加熱する。
3. 全体を混ぜ、もう一度ラップをかけて粗熱がとれるまで置くと味がしみる。

レンジ肉じゃが

材料に調味料をまぶし、チンするだけ。
360kcal

レンジカボチャ煮

鍋で作る煮物よりも水っぽくならないのでお弁当向き。余ったカボチャもチンしておくと、サラダなどにすぐ使えます。

191kcal

材料 [1人分]
- カボチャ … 1/8個（170g）
- しょうゆ … 小さじ2
- 砂糖 … 小さじ1
- 水 … 大さじ1

作り方
1. カボチャは一口大に切る。調味料と水を混ぜておく。
2. 耐熱容器にカボチャと調味料を入れて混ぜ、ラップをかけて電子レンジ強（500w）で4分加熱する。
3. 全体を混ぜ、**もう一度ラップをかけて粗熱がとれるまで置く**と味がしみる。

おいしさのポイント
肉じゃがも同じ

サバのみそ煮

サバのみそ煮もレンジで3分。鍋で作るより調味料が少しですみ、節約にも。
417kcal

材料［1人分］
- サバ（三枚おろし）… 1/2尾
- ゆで小松菜（P.10、あれば）… 少々
- みそ … 大さじ1
- 砂糖 … 大さじ1/2
- 酒 … 大さじ2

作り方
1. サバは半分に切り、皮に包丁でバツ印に切り目を入れる。耐熱皿に皮を上にしてのせ、調味料を混ぜ合わせて上からかける。
2. ラップをふんわりかけて電子レンジ強（500w）で**2分半～3分加熱する**。
3. 粗熱がとれるまでそのまま置いて余熱で火を通し、あれば小松菜などのゆで青菜を添える。

> 鍋で作るより加熱時間もこんなに短い

チキンライスの素

768kcal（ご飯は含んでいません）

これさえ作っておけば、あたたかいご飯に混ぜるだけで、あっと言う間にチキンライスのできあがり。

材料 [4食分]

- 鶏胸肉 … 1枚（200g）
- タマネギ … 1/2個
- マッシュルームの薄切り（缶詰）… 50g

- バター … 大さじ2
- トマトケチャップ … 120cc
- 塩 … 小さじ1/2
- コショウ … 少々

作り方

1. 鶏肉は1.5cm角、タマネギは1cm角に切る。
2. 耐熱ボウルにすべての材料と調味料を入れて混ぜ、電子レンジ強（500w）で10分加熱する。
3. ご飯（200g、分量外）に2の1/4量を混ぜれば、1人分のチキンライスのできあがり。彩りにパセリのみじん切り（分量外）を散らして。

ご飯も具もあたたかい状態で混ぜて

ボウルですべてを混ぜてチンするだけなので、炒め合わせの手間もなし。

残りは1食分ずつ保存容器に小分けし、冷凍保存。使うときは電子レンジで解凍してアツアツに。保存期間2カ月。

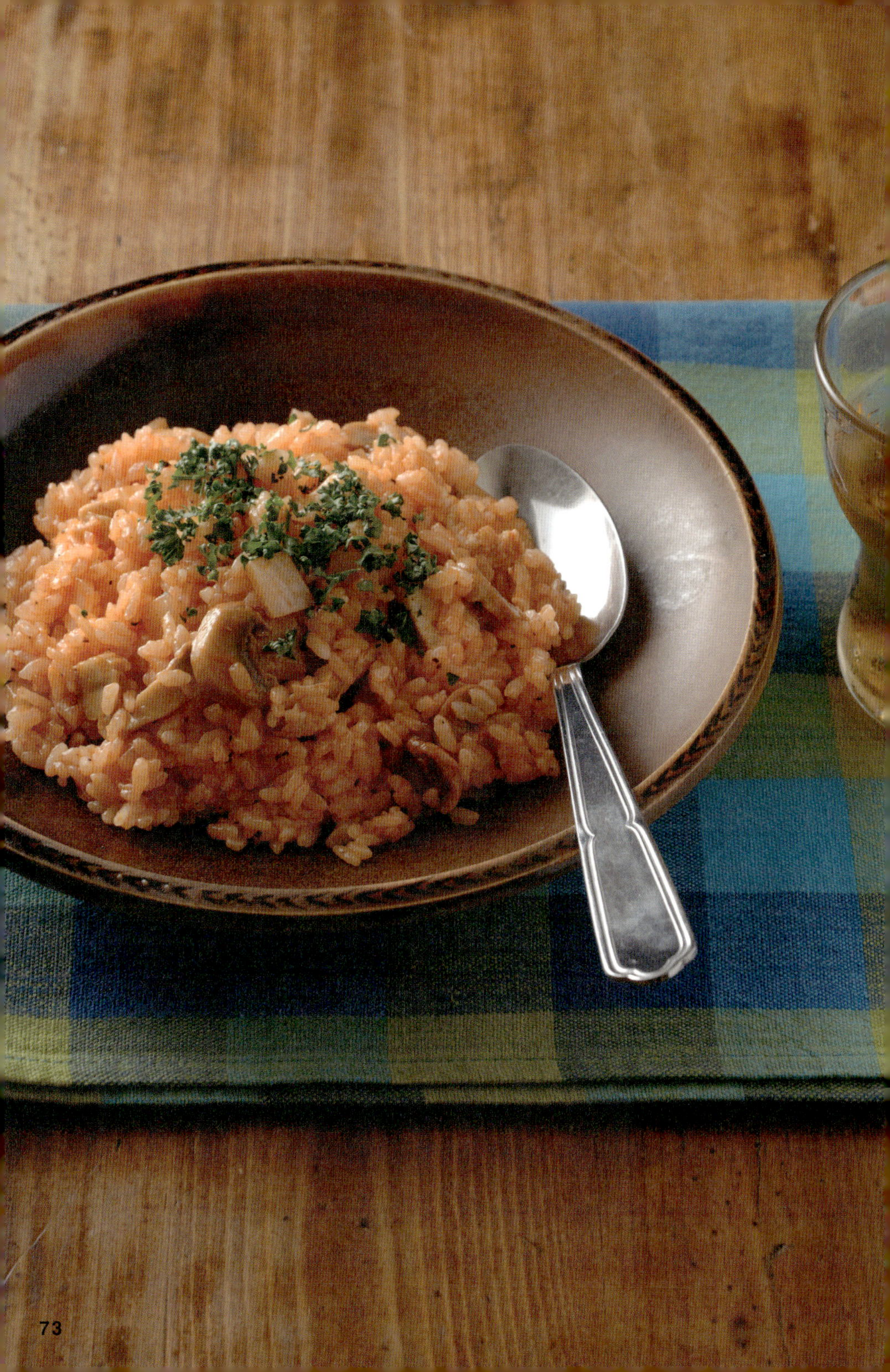

チンゲンサイシュウマイ

186kcal

シュウマイの皮やギョウザの皮って、一袋の枚数が多いので、使い切るのが難しい。このシュウマイは代わりにチンゲンサイを使います。野菜もとれて一石二鳥。

材料［1人分］

- チンゲンサイ … 1株
- 豚ひき肉 … 50g
- 木綿豆腐 … 1/8丁
- タマネギみじん切り … 大さじ4
- ショウガせん切り … 薄切り2枚分

- 片栗粉 … 小さじ2
- 塩・コショウ … 各少々

- 酢・しょうゆ・練りからし（好みで）…各適量

作り方

1 チンゲンサイは洗って、濡れたままラップで包み、電子レンジ強(500w)で3分加熱する。冷水で冷やし、水気をきって葉を1枚ずつはがす。

2 チンゲンサイとショウガ以外の材料と調味料、片栗粉を混ぜ、6等分にして丸め、**チンゲンサイの葉を巻きつける**。ショウガをそれぞれにのせる。

3 耐熱皿に並べ、電子レンジ強(500w)で4分加熱する。酢、しょうゆ、練りからしなど、好みのタレでいただく。

根元のほうに肉だねを置き、葉の先に向かって巻く

75

作りやすいのは木綿豆腐ですが、好みで絹豆腐を使っても

エビと豆腐の中華蒸し

エビと豆腐は味の相性が抜群。見た目も華やかなので、来客時にもおススメの一品です。

178kcal

材料 [1人分]
<u>木綿豆腐</u> … 1/2丁
エビ（ブラックタイガーなど）… 4尾（70g）
長ネギ … 10cm

片栗粉 … 小さじ1
塩・コショウ … 各少々
酢・しょうゆ・ラー油 … 各適量

作り方
1 豆腐は紙タオルにのせて軽く水気をきる。エビは殻をむき、背ワタをとって粗みじんに切る。長ネギは一番外側をせん切りにし、残りをみじん切りにする。
2 豆腐を4等分し、中央をスプーンで少しすくう。すくった豆腐、みじん切りのエビと長ネギ、片栗粉、塩、コショウを混ぜ、エビだねを作る。
3 豆腐のくぼみにエビだねをのせ、ふんわりとラップをかけて電子レンジ強（500w）で3分加熱する。せん切りのネギ、酢、しょうゆ、ラー油をかけていただく。

アサリの酒蒸し

アサリだってレンジでチン！アサリの身に熱が通れば、ちゃんと殻が開きます。

79kcal

材料［1人分］
- 殻付きアサリ（冷凍でも可、P.116）… 15粒
- 万能ネギ小口切り … 1本分
- バター … 少々
- レモン（好みで）… 1切れ

- 酒または白ワイン … 大さじ3
- コショウ … 少々

作り方
1 アサリは砂抜きし、貝をこすり合わせて洗い、水気をきって耐熱容器に入れる。
2 酒または白ワイン、コショウをかけてラップし、電子レンジ強（500w）で3分半加熱する。
3 殻が開いたらできあがり。万能ネギを散らし、バターをのせ、好みでレモンを絞る。

冷凍の場合はそのままでOK

生鮭の粕漬け焼き

この粕漬けの素はオリジナル。私は「酒粕酒(さけかすしゅ)」と呼んで常備しています。粕漬け以外にもみそ汁や鍋に活用できるのでとっても便利。

190 kcal

材料 [1人分]
生鮭切り身 … 1切れ
[粕漬けの素]
酒粕 … 大さじ1
酒 … 大さじ1
塩 … 小さじ1/3

板粕の場合はあらかじめ酒をふりかけ、やわらかくしておく

作り方
1 粕漬けの素をポリ袋に入れてよく混ぜ、生鮭の切り身を入れる。
2 身が割れないように注意してよくまぶし、一晩おく。
3 アルミホイルにのせ、オーブントースターに入れて1000wで10分ほど焼く。

オーブントースターも
1人分ごはんに大活躍！
"遠赤外線効果"も見逃せません。

オーブントースター、お料理に活用してますか？　え、パンやおもちを焼くだけ？　何ともったいない！　オーブントースターを使うと、一番おいしく焼ける食材がいっぱいあるんですよ。理由は"遠赤外線効果"。外はこんがり、中はふっくらという理想の焼け具合が、オーブントースターなら短い時間で簡単にできてしまうのです。

私はお魚を焼くときも、オーブントースター派。だってグリルよりお掃除がカンタンなんだもの。アルミホイルをしいて焼けば、ホイルを捨てて、ハイ、おしまい。

グラタンだって1〜2人分なら、オーブントースターで十分。余熱時間がいらないので、オーブンよりもずっと早く焼きあがります。値段がお手頃なのもうれしいですね。

野菜焼き

オーブントースターの**遠赤外線効果**で、**野菜がふっくらジューシーに。**好きなものを何でも焼いて、塩・コショウやオリーブオイル、バターなど、好みの味で食べましょう。分量も買いやすい分量、食べたい分量で。
98kcal（写真の分量の場合）

ソラマメ
さやごと、焦げ目がつくまで
15分くらい焼く。

> アルミホイルにのせ、1000wで。
> 以下の野菜も同様

シイタケ
石づきをとり、傘の裏側を上にして
バター少々をのせ、7分くらい焼く。

プチトマト
へたをとり、丸のまま8分くらい焼く。

グリーンアスパラ
根元の硬いところをとって半分の長さに切り、5分くらい焼く。

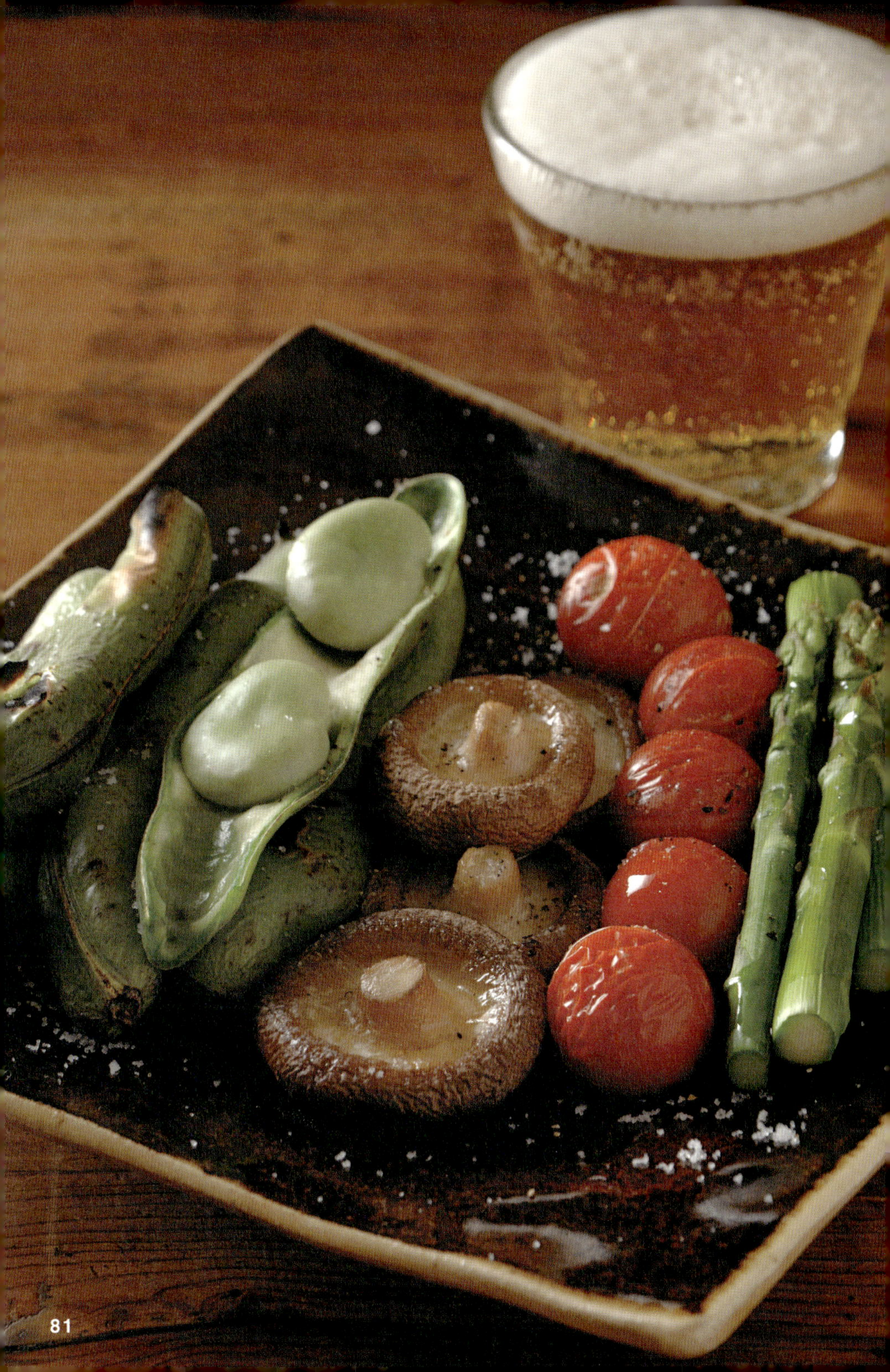

焼き厚揚げ

オーブントースターなら、焦げずに中まで火が通ります。外はカリッ、中はフワッの食感を楽しんで。

228kcal

材料［1人分］

絹厚揚げ … 1枚

ショウガすりおろし … 少々
しょうゆ … 適量

作り方

1. 厚揚げは切らずにアルミホイルにのせ、オーブントースターに入れて1000wで13分ほど焼く。
2. 表面がカリッと焼ければできあがり。食べやすく切り、ショウガじょうゆでいただく。

ナンピザ

小さく見えても、じつは結構な容量があるオーブントースター。市販のナンなら軽々入ります。

397kcal

1枚ずつの包装なので、少しずつ使えて便利

材料 [1人分]
- 市販のナン … 1枚
- **スライスチーズ** … 2枚
- プチトマト … 3個
- バジルの葉 … 2枚

- タバスコ・黒コショウ(好みで)
  …各少々

アンチョビをのせてもおいしい!

作り方
1 ナンにスライスチーズ、**輪切りにしたプチトマトをのせ**て、オーブントースターに入れ、700wで8分くらい焼く。
2 焼きあがったらバジルの葉をちぎって散らし、好みでタバスコや黒コショウを振っていただく。

キャベツのグラタン

ホワイトソースもいっしょにできちゃう簡単グラタン。オーブントースターなら、オーブンよりも早く焦げ目がつけられます。

492kcal

材料［1人分］

- キャベツ … 2枚
- タマネギ … 1/4個
- ベーコン … 1枚
- スライスチーズ … 2枚

- バター … 大さじ1
- 小麦粉 … 大さじ1
- 牛乳 … 200cc
- 塩 … 小さじ1/3
- コショウ … 少々
- 固形コンソメスープの素 … 1/2個

作り方

1. キャベツは1cm幅の短冊切り、タマネギは薄切り、ベーコンは5mm幅の短冊切りにする。フライパンを中火で熱してバターを溶かし、キャベツ、タマネギ、ベーコンを入れ、**キャベツがしんなりするまで5分ほど炒める**。
2. 小麦粉を振り入れて混ぜ、粉っぽさがなくなったら牛乳を冷たいまま一度に入れて混ぜる。塩、コショウ、固形コンソメスープの素を入れて煮溶かす。
3. 十分にとろみがついたら火を止め、耐熱皿に流し入れてスライスチーズをのせる。オーブントースターに入れ、1000wで2〜3分、焦げ目がつくまで焼く。

> キャベツの甘みが出るのでしっかり炒める

キャベツはこれくらいしっかり炒めて。材料といっしょに小麦粉を炒めれば、牛乳を一度に入れてもダマになりません。

下にパンやスパゲティをしいて焼けば、ボリュームある1品に。

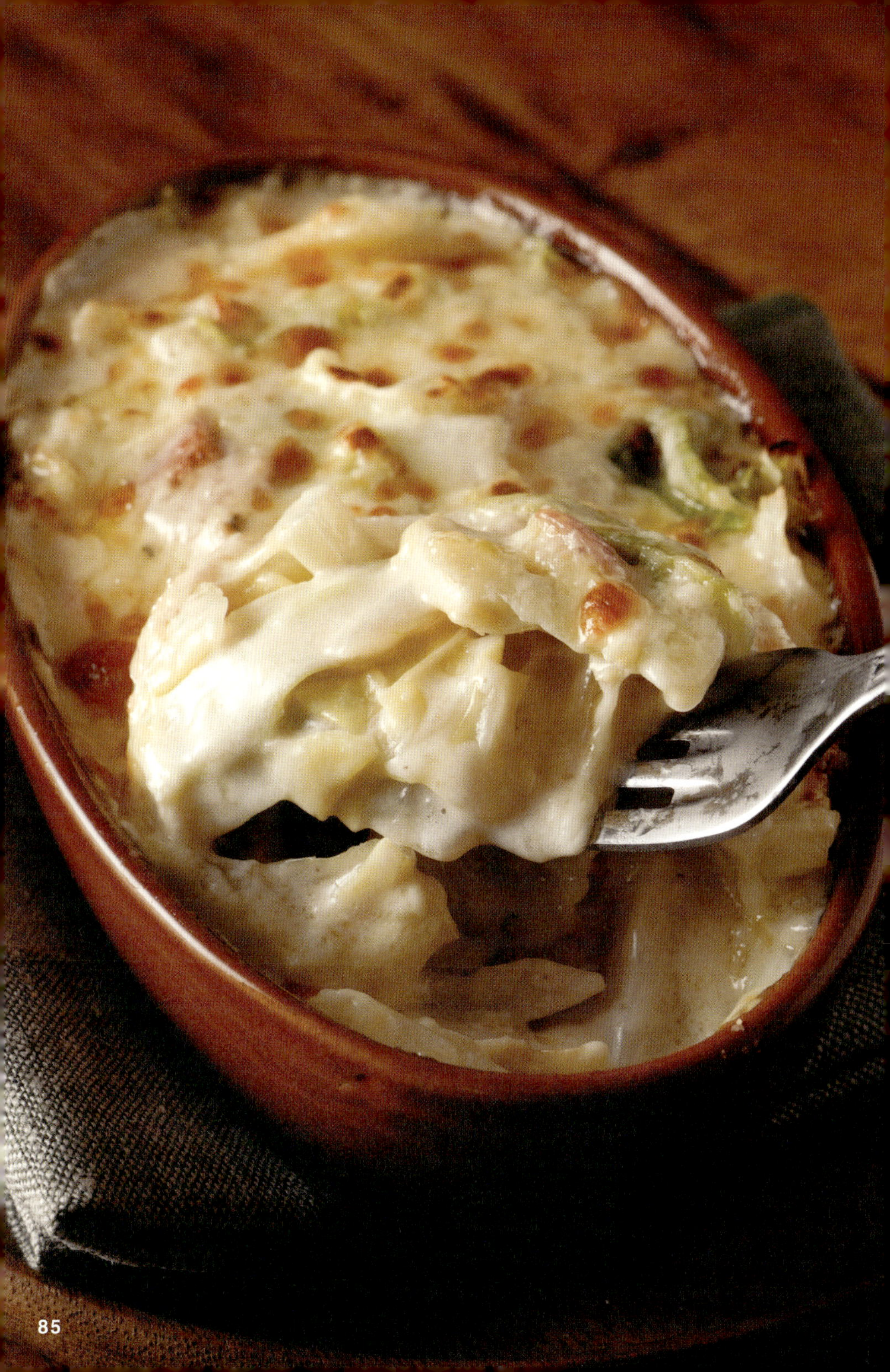

オーブントースターおつまみ

焼きたらこのおろし和え
40kcal

材料[1人分]
- たらこ … 1/2本
- 大根 … 2cm
- 大葉 … 2枚
- しょうゆ(好みで)…少々

作り方
1. 大根はおろして軽く水気をきる、大葉はせん切りにする。
2. たらこをアルミホイルにのせてオーブントースターに入れ、1000wで4分ほど焼き、粗くほぐす。
3. 大根おろし、たらこ、大葉を混ぜて器に盛り、好みでしょうゆをたらしていただく。

私は鬼おろしを使って粗くおろしたものが好み

傷みやすいたらこは焼いて保存するととっても長持ち

油揚げのタマネギはさみ焼き
114kcal

材料[1人分]
- 油揚げ…1枚
- タマネギ…1/2個
- からしじょうゆ…適量

すごい量ですが、これくらい入れたほうが絶対おいしい！

作り方
1. 油揚げは紙タオルにはさんで押さえ、余分な油を吸いとる。タマネギはみじん切りにする。
2. 油揚げの長い辺を片側切り落とし、破らないように開く。切り落とした油揚げを細かく刻み、タマネギといっしょに開いた油揚げに詰める。
3. アルミホイルにのせてオーブントースターに入れ、1000wで10〜12分ほど焼く。食べやすい大きさに切り、からしじょうゆでいただく。

ミョウガのみそ焼き
36kcal

材料[1人分]
- ミョウガ … 2個
- みそ … 大さじ1

作り方
1. ミョウガは縦半分に切り、切り口にみそを塗る。
2. アルミホイルにのせてオーブントースターに入れ、1000wで5分ほど焼く。

「焦げない」「中まで温まる」オーブントースターの良さを活かしたカンタンおつまみ。時間も手間もかかりません。

あぶすき

お肉の代わりに油揚げを使ったすき煮だから、「あぶすき」。煮汁を吸った油揚げのおいしさは、お肉に引けをとりません。
157kcal

材料［1人分］
油揚げ…1枚
春菊（塩ゆででも可、P.10）…5本
エノキダケ…1/2袋
長ネギ…1/4本

水…300cc
めんつゆ（濃縮3倍タイプ）
…大さじ3
七味唐辛子、ゆずこしょう
（好みで）…各適量

作り方
1 油揚げは紙タオルに挟んで強く押し、余分な油を吸いとって、8枚の三角に切る。春菊は根元の硬いところを切り落としてざく切りに、エノキダケは石づきを切ってほぐす。長ネギは斜め薄切りにする。

2 小鍋に水、めんつゆを入れ、油揚げを入れて中火で煮立てる。

3 ひと煮立ちしたら残りの具材を入れ、煮えたところからいただく。好みで七味唐辛子や、ゆずこしょうを添えて。

小鍋なら

いろいろな栄養が一度にとれて、気持ちもあったか。

1人で食べるごはんだって、楽しく充実感を味わいたい。これも私の大切なテーマです。でも、カンタン・手間なし・1人分と、楽しさ・充実感を両立させるのは、なかなか難しいもの。

そこで重宝するのが小鍋。基本的に材料を切って入れるだけの鍋料理は、究極の手抜き料理と言えます。でも鍋という景色そのものが気分を

あたたかくしてくれる、そんな気がしませんか？

最近は卓上のガスコンロでもミニサイズのものが売っています。小鍋にはあのサイズがぴったり。目の前でグツグツ煮えたところを、ふうふう言いながら食べる幸せ。いろいろな栄養が一度にとれたり、最後にご飯やうどんが入れられるところも、鍋料理の魅力です。

鯛の雪見鍋

大根おろしの水分だけで作るので、必ずおろしたてを使って。鯛の旨みがしみ出した大根おろしもすべていただきます。
250kcal

材料[1人分]
鯛の切り身…1切れ
大根おろし…1カップ ← 大根の水気はきらずに
大根の葉の塩ゆで（あれば）…少々
ポン酢…適量

作り方
1 鯛の切り身は皮側から数カ所切り目を入れる。
2 小鍋に大根おろしを汁ごと入れ、鯛の切り身をのせて、ふたをして中火にかける。
3 煮立ったら弱火で5分煮て、あれば大根の葉を散らし、ポン酢をかけていただく。

キャベツとベーコンのコンソメ鍋

コンソメ味に洋風の具材を使った鍋が、なぜかニンニクじょうゆとベストマッチ。オドロキのおいしさです。
201kcal

材料[1人分]
- キャベツ … 2枚
- ベーコン … 2枚
- トマト … 1/2個
- タマネギ … 1/4個

- 水 … 500cc
- 固形コンソメスープの素 … 1個
- ニンニクすりおろし…少々
- しょうゆ…適量

作り方
1. キャベツは4cm角、ベーコンは2cm幅に切る。トマトはくし形、タマネギは1cm幅のくし形に切る。
2. 小鍋に水、コンソメスープの素を入れて中火で煮溶かし、1の具材を入れて煮る。
3. 煮えたものから、ニンニクじょうゆにつけていただく。ニンニクじょうゆは煮汁で薄めて味を加減する。

豚肉のみそチゲ

代謝を上げるカプサイシン、たっぷり野菜の食物繊維。チゲは私たち女子の強い味方です。
321kcal

材料［1人分］

- 豚薄切り肉（ゆで豚でも可、P.31）… 70g
- **白菜キムチ** … 50g
- 長ネギ … 1/2本
- 絹豆腐 … 1/4丁
- 水 … 400cc
- みそ … 大さじ2
- 顆粒鶏スープの素 … 小さじ1

> 鍋や炒め物には、少し酸っぱくなったキムチがよく合います

作り方

1. 豚肉、白菜キムチは3cm幅に、長ネギは2cmのぶつ切りにする。豆腐は1cmの厚さに切る。
2. 小鍋に水と調味料、具材を入れて中火で煮立て、あくをとる。弱火にして5分ほど煮てできあがり。

カブと生鮭の酒粕汁

粕汁は身体があたたまるので、寒い冬にはうれしい一品。生鮭のように、パンチのある具材が酒粕汁にはよく合います。
283kcal

材料 [1人分]
- カブ … 1個
- カブの葉 … 1個分
- 生鮭 … 1切れ
- 長ネギ … 1/2本
- だし汁 … 400cc
- みそ … 大さじ1.5
- 酒粕 … 大さじ1
- 酒 … 大さじ1

作り方

1. カブは皮をむいて六つ割り、葉はざく切りにする。生鮭は一口大に、長ネギは1cm幅の斜め切りにする。
2. みそ、酒粕、酒を混ぜておく。
3. 小鍋にだし汁と1の具材を入れて、やわらかくなるまで中火で7分くらい煮る。2を溶き入れ、1分ほど弱火で煮る。

煮るだけなので、じつはカンタン。
時間のあるときには、こんな料理も。

私はお料理を作ることで、ほっこりとした気持ちになることがあります。たとえば冬の日のお休みの午後。お鍋がコトコト音を立ててたら、それだけで幸せな気持ちになりませんか？ それに時間のかかるお料理を作ったときの、何とも言えない満足感。ここではそんな気持ちを味わえるレシピをご紹介します。だけど面倒なことがしたいわけじゃない。だましょう。

から時間はかかるけど手間はかからない、「作った気持ち」になれる、そんなお料理。

せっかく時間をかけて作るんですから、見栄えがよくて応用範囲が広い料理を選びました。一見、手が込んでいそうに見えるので、おもてなし料理や手土産にも活用できます。「煮ただけ」なのは内緒にしておき

煮豚は多めに作っておいしく活用

煮豚を作っておくといろいろな料理に使えます。P.64で紹介したように卵焼きに入れたりサラダのトッピングにしたり。カレーに入れても、やわらかくてとっても美味。肉に火が通っているので、調理時間も短縮できます。生野菜、マヨネーズといっしょに生春巻きの皮で巻いて食べるのも私のお気に入りです。

煮豚の作り方は次ページに。
ここでは肩ロース肉で作りましたが、
部位はどこでもかまいません。好みに
もよりますが、ロースなどある程度脂
がある部位のほうがおいしくできます。

煮豚

1930kcal

材料（作りやすい分量）
豚肩ロース塊肉 … 800g
ニンニク … 1片
ショウガ薄切り … 3枚

しょうゆ … 大さじ3
砂糖 … 大さじ1.5

ゆでブロッコリー
（あれば、P.11）… 適量
練りからし … 適量

※煮汁もタレとして使えるので、豚肉とは別にして捨てずに保存

作り方

1 豚肉は厚さ5cmくらいの塊に切って鍋に入れ、肉がかぶるくらいの水（分量外）を入れて強火にかける。煮立ったらあくをとって弱火にし、ことこと煮立つくらいの火加減で40分ほど、豚肉がやわらかくなるまでゆでる。

2 豚肉がやわらかくなったら二つ割りにしたニンニク、ショウガ、しょうゆ、砂糖を入れ、煮汁がほとんどなくなるまで（鍋底から5mmくらい）弱火のまま煮る。

3 豚肉を取り出して、1cmの厚さに切り、あればブロッコリーなどのゆで野菜、練りからしを添えていただく。好みで煮汁のタレをかけても。残りは塊のまま冷蔵保存し、使う分だけその都度切り分ける。保存期間1週間。

ネギチャーシュー

煮豚を使った和えるだけのカンタン料理。お酒のおつまみにぴったり。
221kcal

材料 [1人分]
煮豚 … 50g
長ネギ … 1/2本

塩 … 小さじ1/4
コショウ … 少々
ゴマ油 … 小さじ1
ラー油(好みで)… 適量

作り方
1 煮豚は食べやすい大きさに、細切りにする。長ネギはできるだけ薄く、斜めに切る。
2 長ネギ、塩、コショウ、ゴマ油を混ぜ、**長ネギがしんなりするまで5分くらい置く。**
3 2の長ネギと煮豚を混ぜ、好みでラー油を加える。

> 長ネギの辛みが抜けます

ラタトゥイユ

具材は野菜なら何でも。マッシュルームやカボチャ、インゲン、グリーンアスパラ、パプリカ、きのこ類がよく合います。

534kcal

材料［作りやすい分量］

- タマネギ … 1/2個
- ズッキーニ … 1本
- ナス … 2本
- セロリ … 1本
- ベーコン … 2枚
- ニンニク薄切り … 1片分
- トマト水煮缶（ホール）… 1缶（400g）

- オリーブオイル … 大さじ2
- 水 … 200cc
- 固形コンソメスープの素 … 1個
- 塩 … 小さじ1/2
- コショウ … 少々

作り方

1. タマネギは2cm角、ズッキーニ、ナスは縦四つ割りにして2cm幅に、セロリは2cmのぶつ切り、ベーコンは1cm幅の短冊に切る。
2. 鍋にオリーブオイルとニンニクを入れて弱火にかけ、ニンニクの香りがたったら、1の具材を入れて**弱火のまま5分炒める**。
3. トマト水煮缶を崩して加え、水、コンソメスープの素を入れて中火で煮立て、煮汁が鍋底から3cmくらいになるまで煮る。塩・コショウで調味する。

> しっかり炒めて野菜の甘みを引き出して

主食に変身、ラタトゥイユ

ラタトゥイユは主食にも使える便利なお料理。写真はマカロニをゆで、温かなラタトゥイユを添えました。ゆでたパスタを冷水で冷やし、冷たいラタトゥイユで和えると、冷製パスタに。薄く切ったバゲットにのせ、細かくちぎったバジルの葉を散らせばおしゃれな前菜にも。

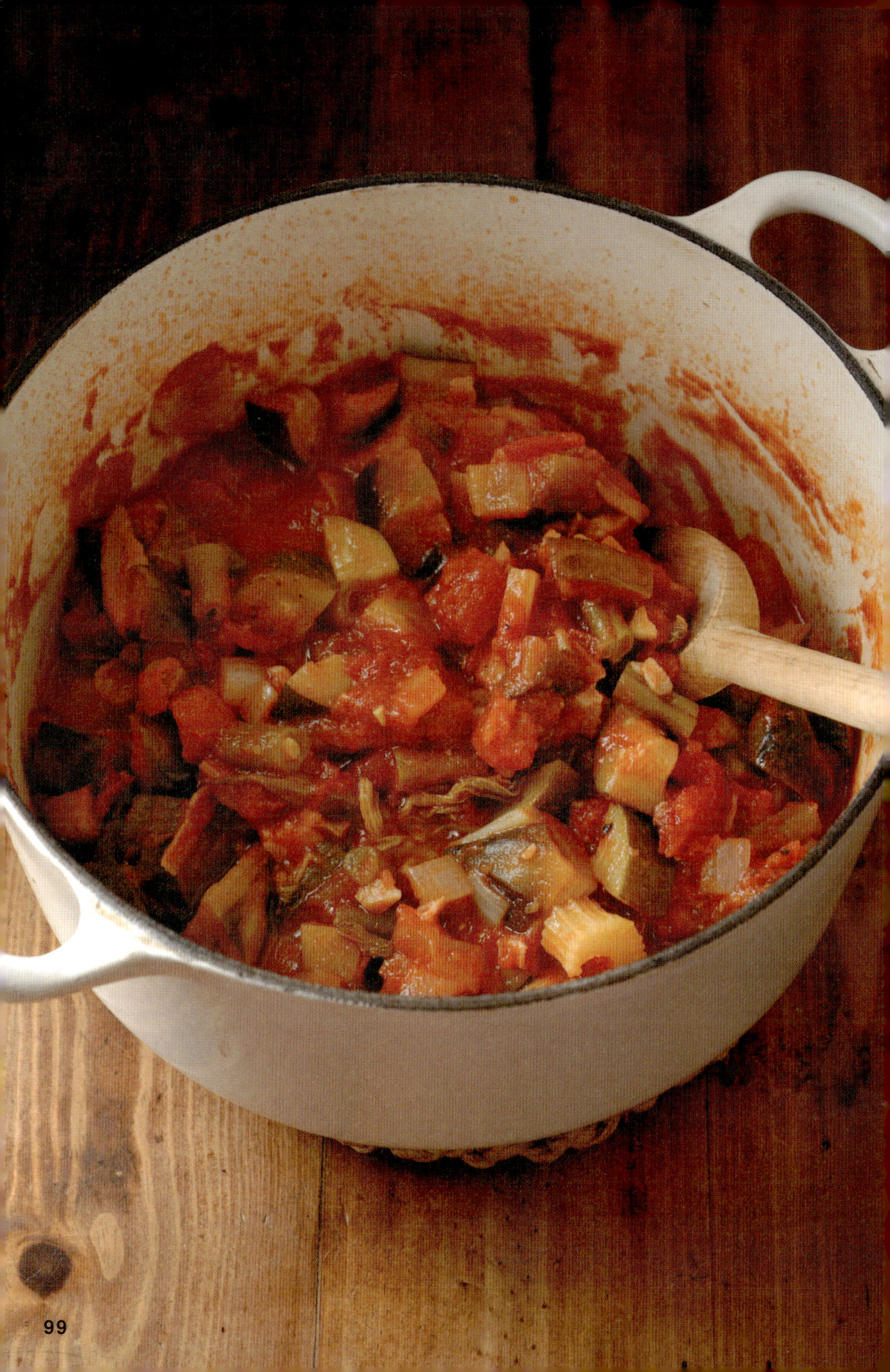

レバーペースト

ミキサーやフードプロセッサーがなくても作れます。ホームパーティのお土産としても喜ばれる一品です。

920kcal

材料 [作りやすい分量]

- 鶏レバー … 150g
- ニンニクみじん切り … 1片分
- セロリの葉 … 1本分
- ローリエ（あれば）… 1枚

- バター … 100g
- 水 … 100cc
- 塩 … 小さじ1/3
- コショウ … 少々

作り方

1. 鶏レバーは一口大に切ってざっと水洗いし、水気をきる。バターは常温に戻しておく。
2. 鍋にバター大さじ1（分量内）を弱火で溶かし、ニンニクを炒め、香りが出たらレバーを入れて炒める。レバーに火が通ったら、水、セロリの葉、ローリエを入れ、中火で水気がなくなるまで煮る。
3. セロリの葉、ローリエを取りだす。レバーをスプーンの裏側かマッシャーでつぶし、**残りのバター**、塩、コショウを加えてよく混ぜ、バターを溶かす。
4. 火から下ろし、バターが分離しないよう、冷ましながら時々混ぜる。固まったら容器に移し、ぴったりラップをして冷蔵庫で保存する。

レバーが好きな人はバターを70gくらいまで減らしても大丈夫

空気に触れないように保存を

長期保存には、空気に触れさせないことが何よりも大事。表面にバターや脂で膜をはる方法もありますが、私はラップを使います。容器にラップをかけるのではなく、レバーペーストの表面にぴたっと密着させて、空気を遮断しましょう。この状態なら、冷蔵庫で10日くらい保存できます。

香味野菜はレバーの臭みを抑えてくれます。セロリの葉がなければ、タマネギの皮やパセリの茎などを使っても。

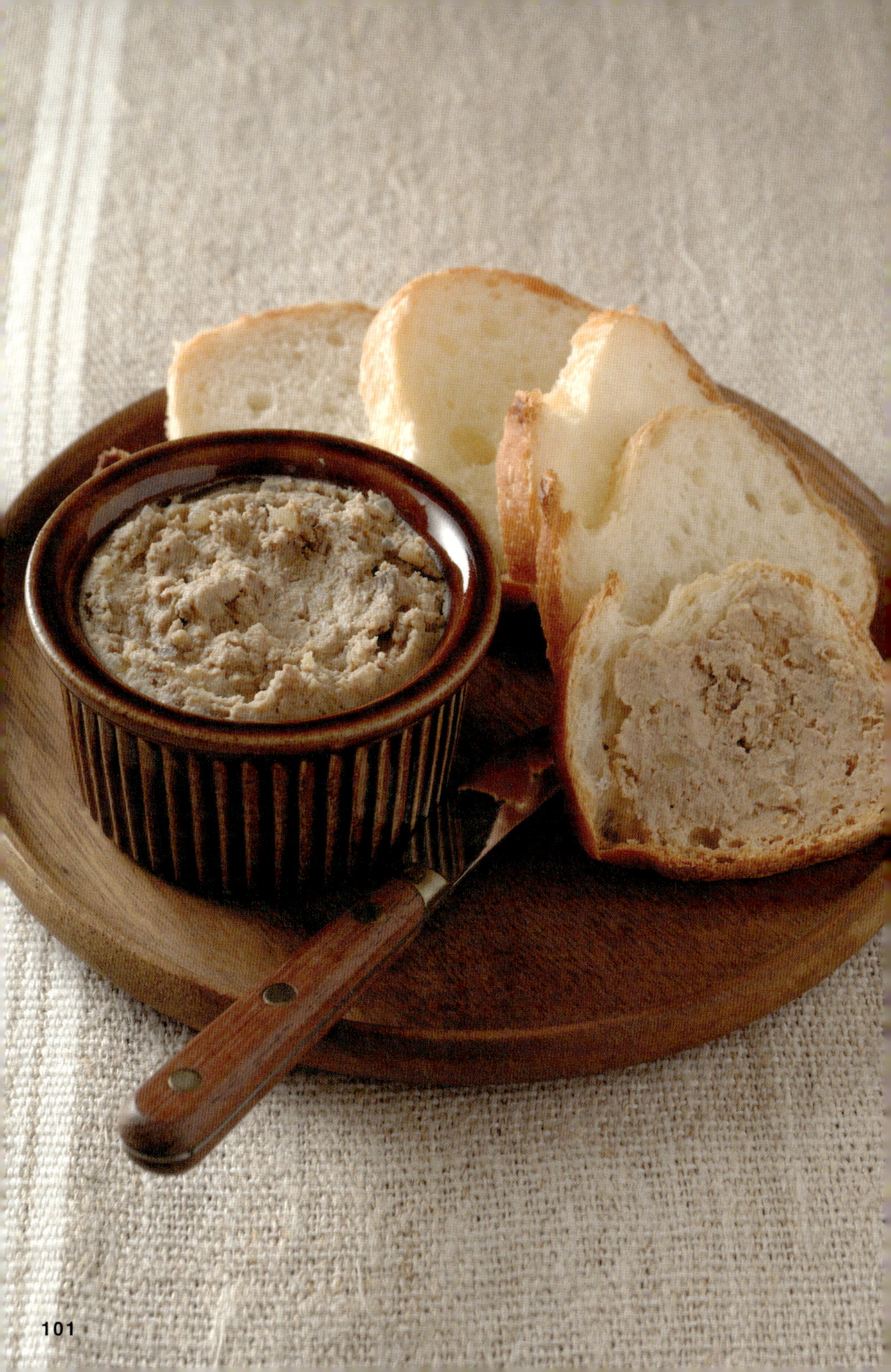

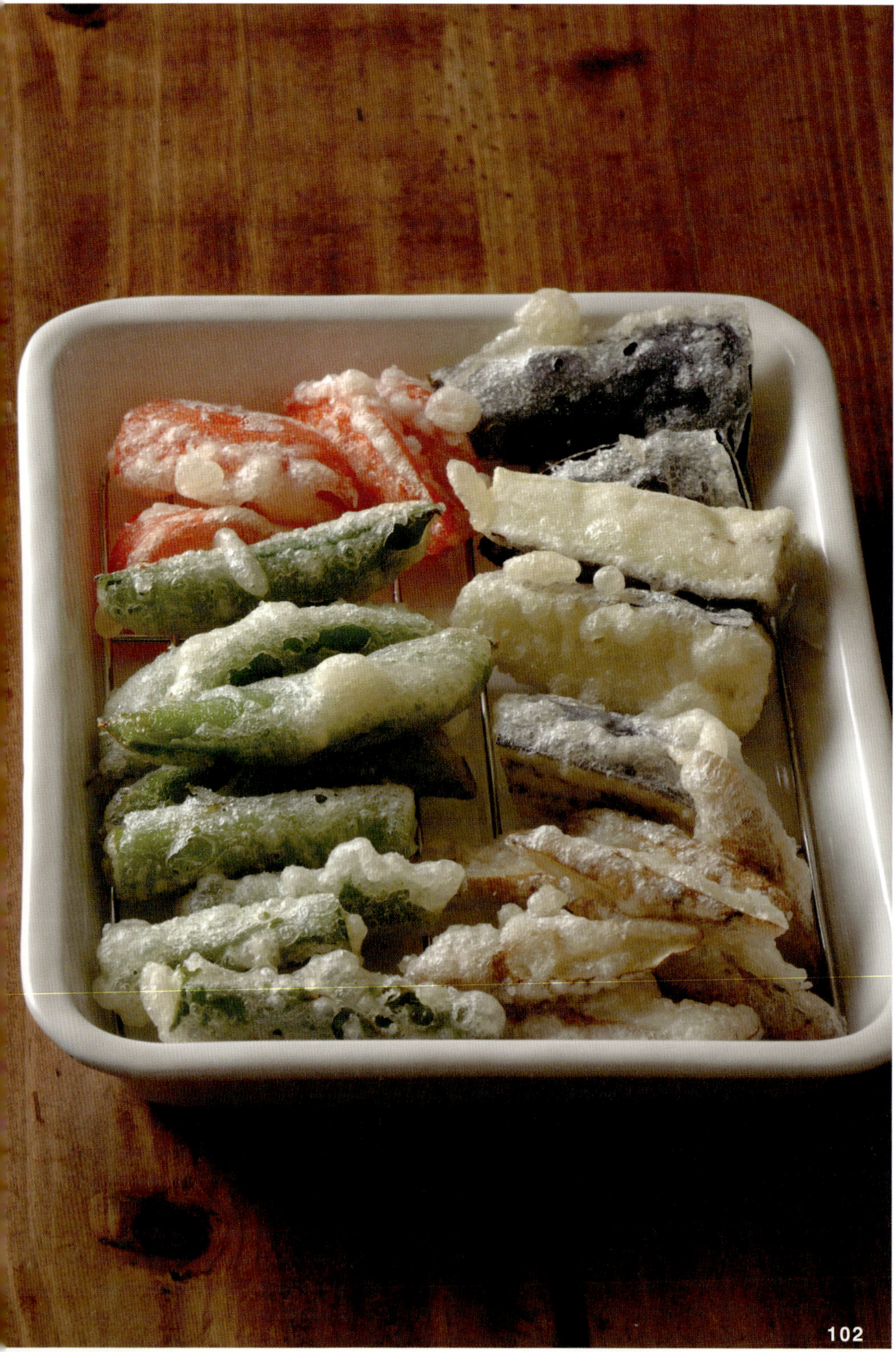

揚げ物は少人数分なら卵抜き衣で。

揚げ物は1人2人といった少人数の家庭では、敬遠される料理のナンバー1。でも揚げ物は炒め物ほど台所を汚しませんし、油も固めたり吸わせたりして捨てれば、始末が簡単。私は小さい深めのフライパンを揚げ物専用にして、油を入れたままふたをしてしまい、二、三度使って油を捨てます。

揚げ物をするときに気になるのが衣に使う卵の量。最小単位の1個分でも、1〜2人分の揚げ物にはちょっと多い。ならば、卵を使わずにできないものか？と考えてみたら、できました。天ぷらは卵の代わりに炭酸水、フライは天ぷら粉を使います。どちらも卵を使ったときよりも失敗知らずでカラッと揚がります。家で作ればこその、揚げたてのおいしさを味わってください。

ソーダ揚げは季節の野菜や好きなものを何でも揚げて。チクワやかまぼこなどの練り製品も、下処理せずに揚げられるので便利です。作り方は次ページに。

野菜のソーダ揚げ

炭酸水に入っている**二酸化炭素の効果**で、衣がカリッとします。揚げている途中で油の温度が高くなりすぎると、衣が焦げてしまうので気をつけて。

577kcal

材料 [1.5人分]

- スナップエンドウ … 3本
- ナス … 1本
- グリーンアスパラ … 1本
- パプリカ … 1/6個
- ごぼう(細いもの)… 1/2本

- 小麦粉 … 1/2カップ
- 塩 … 小さじ1/5
- 炭酸水 … 70cc

- 揚げ油 … 適量
- 塩、レモン、抹茶、天つゆ(好みで)… 各適量

作り方

1. スナップエンドウは筋をとる。ナスはヘタをとって縦四つ割りにし、長さを半分に切る。グリーンアスパラは根元の硬い部分をとり、4～5cmの長さに切る。パプリカは2cm幅の短冊切り、ごぼうは斜め薄切りにする。
2. ボウルに小麦粉、塩を入れ、一気に炭酸水を加え混ぜて衣を作る。
3. 揚げ油を170℃に熱し、野菜を衣にくぐらせて油に入れ、カリッとするまで揚げる。塩とレモン、抹茶塩、天つゆなど、好みの味でいただく。

このシュワシュワがカリッの秘訣。

ソーダ揚げは小さくカットした野菜を

せっかく揚げものをするからには、いろいろなものが食べたいですよね。少人数分のソーダ揚げを作るなら、野菜はなるべく小さくして、種類を多く揚げましょう。今回揚げたもの以外にも小さな単位で揚げやすいインゲンやシメジ、レンコンなどもおススメです。

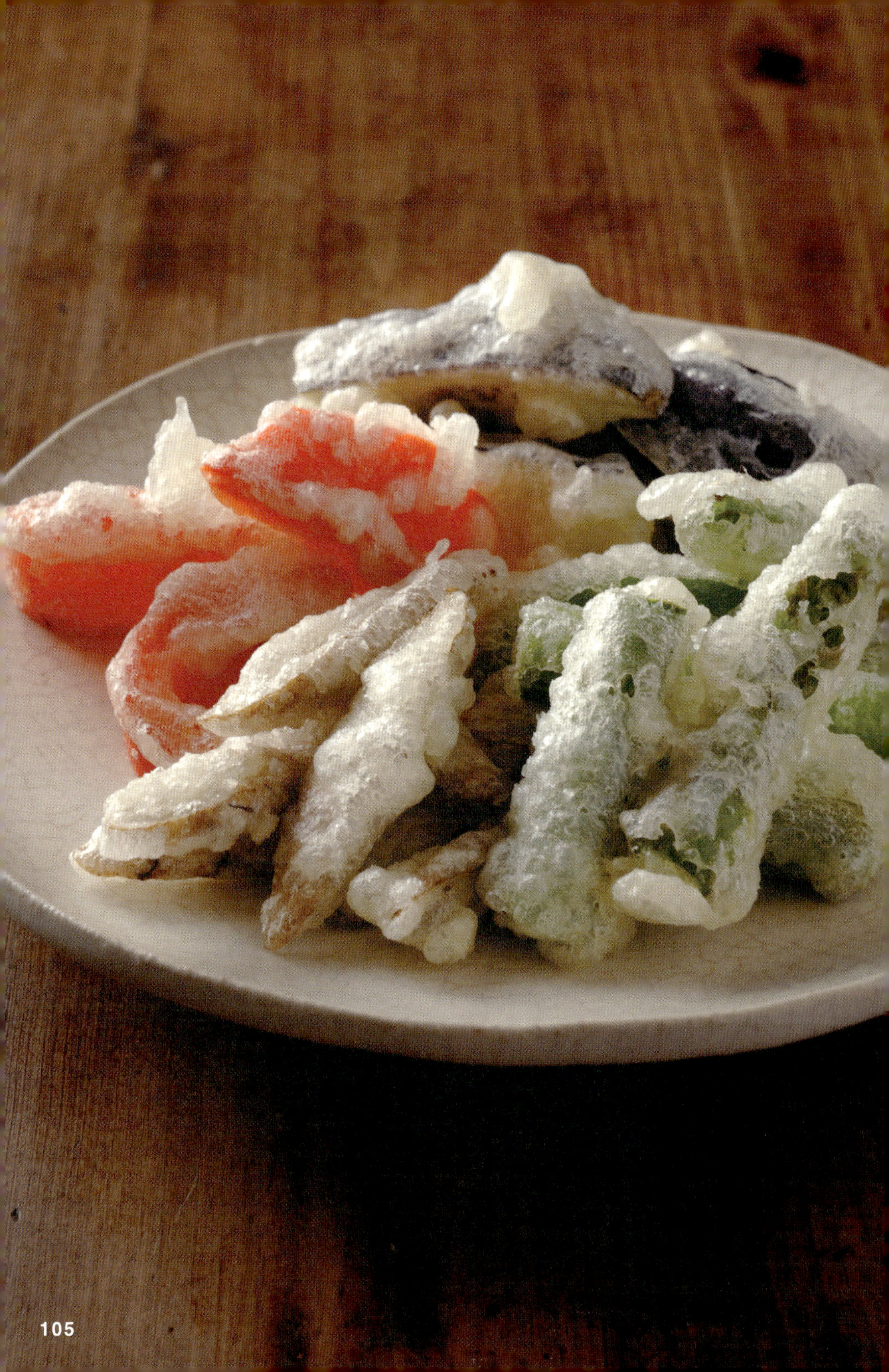

エビと煮豚のフライ

フライの衣にも卵は使いません。天ぷら粉を使えば、ムラなく衣がついて失敗知らず。

926kcal

材料［2人分］

- エビ … 4尾
- 煮豚（1㎝の厚さ）… 4切れ　＜作り方はP.96に＞
- キャベツせん切り … 適量
- 塩・コショウ … 各少々
- 天ぷら粉 … 大さじ2
- 水 … 大さじ2
- パン粉 … 適量
- 揚げ油 … 適量
- レモン、からし、ソース（好みで）… 適量

作り方

1. エビは背ワタをとり、尾を残して殻をむく。腹側に数カ所包丁で深く切り目を入れて背側にそらし、まっすぐにする。塩、コショウをふる。
2. 天ぷら粉と水を混ぜたものに、エビ、煮豚をくぐらせ、パン粉をまぶす。
3. 180℃の油でカリッとするまで揚げる。キャベツやレモンを添え、からし、ソースなどでいただく。

お好みで粉の量を増やすと厚い衣、水の量を増やすと薄い衣に。

豚肉巻き串フライ

冷蔵庫に残った余り野菜などを薄切り肉で巻けば、少ない肉の量でもボリュームアップ。

552kcal

材料 [1人分]

- 豚薄切り肉 … 3枚
- 木綿豆腐 … 1/8丁
- グリーンアスパラ … 1本
- ナス … 1/4本
- キャベツのせん切り … 適量
- プチトマト … 2個
- 塩・コショウ … 各少々
- 天ぷら粉 … 大さじ3
- 水 … 大さじ2
- パン粉 … 適量
- 揚げ油 … 適量
- レモン、ソース … 各適量

作り方

1. 豚肉は1枚だけ半分に切る。<u>豆腐は水きりしておく。</u>グリーンアスパラは長さを半分に、ナスは半分に切る。（巻く前によく水気をふきとって）
2. 豚肉に具をのせて巻き（ナスは豚肉1/2枚に1本のせて）、巻き終わりを爪楊枝でとめて、塩・コショウをふる。
3. 天ぷら粉と水を混ぜたものにくぐらせてパン粉をまぶし、170℃の油でこんがり揚げ色がつくまで揚げる。キャベツとプチトマトを添え、ソースやレモンでいただく。

漬け物にしておけば、野菜がサラダ感覚ですぐに食べられます。

第1章で野菜をゆでて保存する方法をご紹介しましたが、漬け物ももう一つの野菜の保存方法。冷蔵庫から出してすぐ食べられるので、とっても手軽です。

左ページの塩水漬けのレシピなら、薄味なので、サラダ感覚でたくさん食べられます。甘酢漬けやみそ床を使ったみそ漬けは、中身が減ったらどんどん足して。

漬け物のよいところは、浅漬けと古漬けで違ったおいしさが楽しめるところ。ゆで卵や豆腐のみそ漬けは、2〜3日ならみその旨みの加わった素材のおいしさが味わえ、1カ月ほど漬け込むと、濃厚なチーズのようなコクが味わえます。

野菜の古漬けはお茶漬けなどにすると抜群。味のアクセントになっておかわり必至です。

塩水漬け

野菜を切って塩水で漬けるだけ。ゴマ油やオリーブオイルをかけてもおいしくいただけます。

材料[1人分]

大根、キュウリ、キャベツ、ニンジン、ナス、大葉など
漬け汁
　塩 … 小さじ1〜小さじ2
　水 … 1カップ
◎野菜の量によって漬け汁の量を調整します。

作り方

1 密閉容器に塩と水を入れて溶かし、拍子木切りにした野菜(キャベツは5cm角に切る、大葉は半分にちぎる)を入れて冷蔵庫で保存する。
2 3時間後くらいから食べられる。保存期間は1週間以内。

豆腐・ゆで卵のみそ漬け

みそに酒粕を加えることで、ほどよい甘みに。みそ床には、**肉や魚を漬けてもおいしく**いただけます。同じみそ床で2、3回は漬けられます。

材料［作りやすい分量］

水切りした木綿豆腐、ゆで卵など
みそ床
  みそ … 150g〜300g
  酒粕 … 50g
  酒 … 50cc

作り方

1. 酒粕を酒で伸ばし、みそと混ぜてみそ床を作る。豆腐は紙タオルで包んで20分おき、軽く水切りして漬けやすい大きさに切る。ゆで卵は好みの硬さにゆでて殻をむく。
2. 密閉容器にみそ床の半量を入れて、豆腐、卵を入れ、上から残りのみそ床を、**隙間ができないようにかぶせる**。
3. 翌日から食べられる。保存期間は冷蔵で1カ月くらい。

> 隙間があると傷みやすい

野菜のみそ漬け

野菜は水分が出るので、他のものとは別に漬けましょう。
みそ漬けの素は1回ごとに作ります。

材料［作りやすい分量］

キュウリ、大根、ショウガ、セロリなど
みそ漬けの素
　　みそ … 大さじ3
　　酒粕 … 大さじ1.5
　　酒 … 大さじ1.5

作り方

1 ポリ袋にみそ、酒粕、酒を入れてよくもんで混ぜる。
2 一口大に切った野菜を入れる。
3 翌日から食べられる。保存期間は冷蔵で1週間。

甘酢漬け

いろいろな野菜をいっしょに漬ければ見た目も華やか。ショウガをつけると漬け汁がほんのりピンク色に。

材料[作りやすい分量]

新ショウガ、ミョウガ、セロリ、キュウリ、ニンジン、パプリカ、ナス、カブなど
甘酢
　　酢 … 200cc
　　水 … 100cc
　　砂糖 … 大さじ4
　　塩 … 小さじ1

作り方

1. 密閉容器に甘酢の材料を入れてよく混ぜ、砂糖、塩を溶かす。好みの野菜を拍子木切りや乱切りにして入れる。
2. 翌日から食べられる。保存期間は冷蔵で10日ほど。

野菜の種類が多いと、器に盛ったときにも彩りがよくきれい。

タマネギの南蛮漬け

そのままピクルスのように食べてもおいしいですが、**鶏やワカサギ、アジなどのから揚げにのせても**、さっぱりおいしくいただけます。

材料 [作りやすい分量]

- タマネギ … 1個
- 漬け汁
  - 酢 … 200cc
  - 水 … 200cc
  - 砂糖 … 大さじ4
  - しょうゆ … 大さじ1
  - 赤唐辛子輪切り … 少々

作り方

1. タマネギは薄切りか、5㎜幅のくし形に切ってほぐす。
2. 密閉容器に漬け汁の材料を入れてよく混ぜ、砂糖を溶かす。タマネギを入れて冷蔵保存する。
3. 3時間後くらいから食べられる。保存期間2週間。

買ってきた揚げものも、これをのせると1ランクアップのおかずに。

冷凍庫は少量ごはん家庭の重要な食品庫です。

私の冷凍庫はいつもいっぱい。だってたいていのものは冷凍できるから。冷凍することによって、生のときより使いやすくなるものもたくさんあります。たとえば油揚げを細かく切って冷凍しておけば、煮物や汁物に冷凍のまま、パッとひとつかみ投入。1枚、半分といった単位に左右されず、使いたい分だけ使えます。ご飯や麺類などの主食も1食分ずつ冷凍しておけば、時間のないときに重宝します。

フルーツ類を買っても1人ではなかなか食べきれないので、冷凍庫にポイッ。そのまま食べてもいいし、牛乳といっしょにミキサーにかければ、あっという間にフルーツ牛乳のできあがり。私にとって冷凍庫は冷凍食品を入れる場所ではなく、もはや食品庫です。

主食も1食ずつ冷凍しておくと便利です。写真はナポリタン（P.122）と炊き込みご飯（P.123）。

114

食材別、使いやすい状態で冷凍するコツ。

大根の葉
塩ゆでし、粗く刻んでから冷凍。凍ったまま使えるので、煮物の彩りなどに便利。みそ汁やチャーハンの具にしても。保存期間2カ月。

エリンギ
縦に二つに割り、長さを半分（長いものは1/3）に切って冷凍。シメジやシイタケも冷凍できるので、私は冷凍ミックスきのこを作っておくことも。保存期間2カ月。

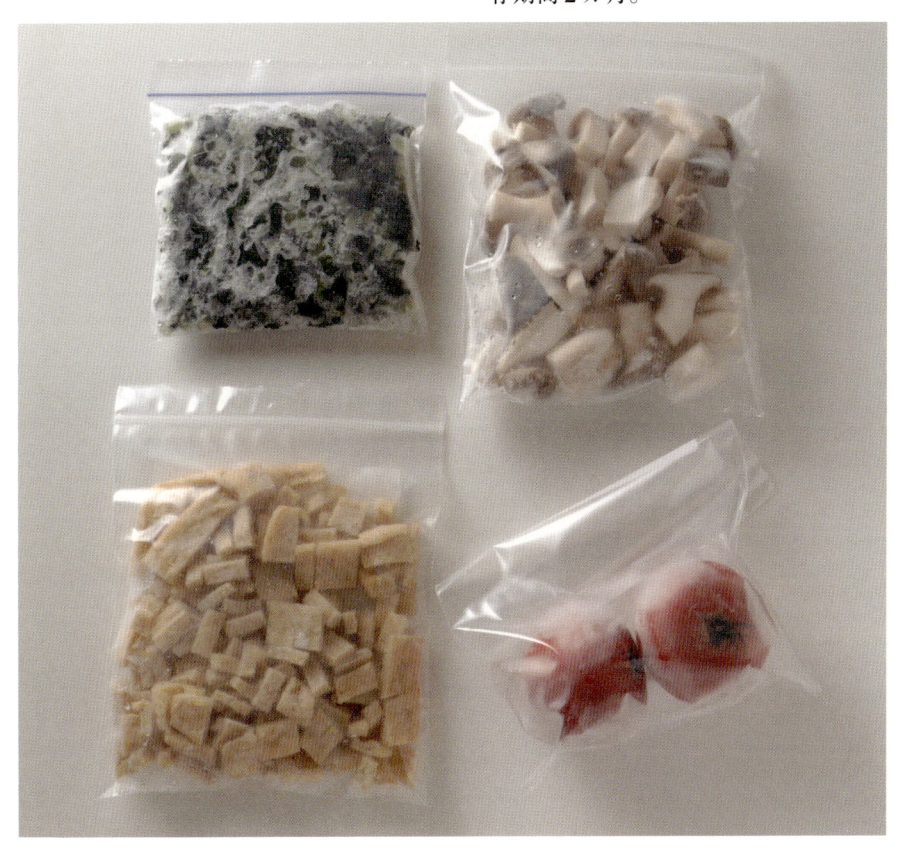

油揚げ
紙タオルで押さえて余分な油をとり、2cm角や、短冊切りなど、使いやすい大きさに切って冷凍。使いたい分だけ少しずつ使えて便利。保存期間2カ月。

トマト
うっかり熟しすぎたトマトは丸のまま冷凍。カレーやラタトゥイユなどの煮込み料理にそのまま入れて使える。保存期間2カ月。

こんなものも冷凍しておくと便利です。

アサリ
アサリは砂抜きし、こすり合わせて洗ってから冷凍。冷凍しても、加熱すればちゃんと開くので安心して。保存期間2カ月。

たらこ・明太子
ラップでぴったりと包んでから、さらにジップロックなどの冷凍保存用の袋に入れて冷凍する。保存期間2カ月。

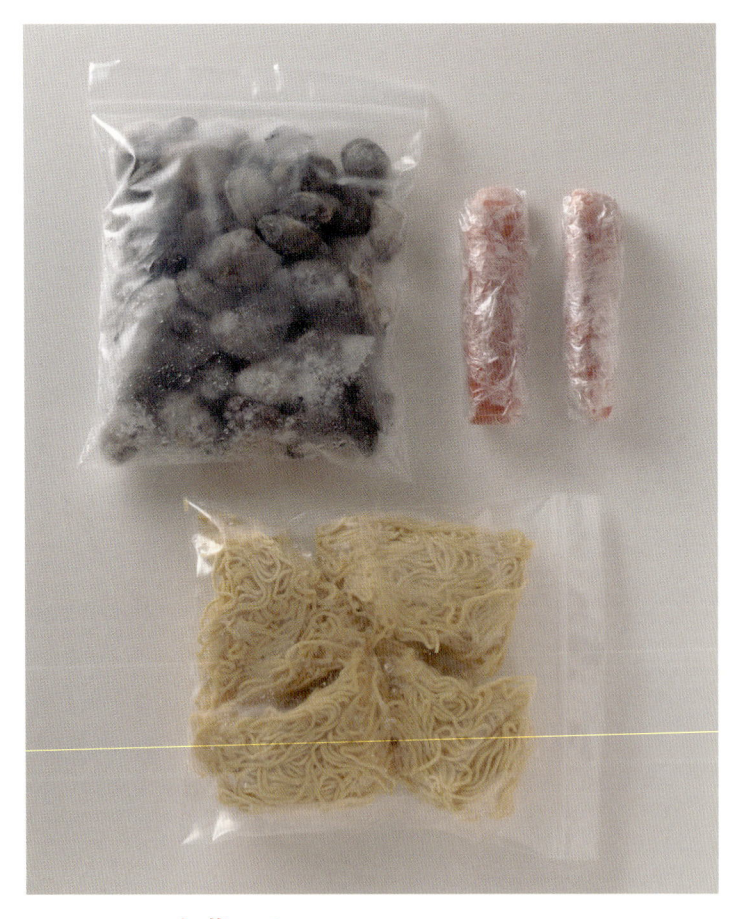

中華めん
中華めんも開封後は後で使いやすいように1玉ずつ割って冷凍庫へ。解凍せずに、そのままゆでてOK。保存期間1カ月。

ニンジンとしらたきのたらこ炒め
95kcal

材料[1人分]

ニンジン … 4cm
しらたき（あく抜き済み）… 100g
冷凍たらこ … 大さじ1
バター … 小さじ1
しょうゆ … 小さじ1
塩・コショウ … 各少々

作り方

1 ニンジンはせん切り、しらたきは水洗いして食べやすくざく切りにする。たらこは自然解凍して薄皮をとる。
2 フライパンを中火で熱してバターを溶かし、ニンジンをしんなりするまで炒め、しらたきを加えて水気がなくなるまで炒める。
3 たらこを加えて混ぜ、しょうゆで調味する。味をみて、塩・コショウで調える。

炒めながらヘラでつぶすようにすれば、自然にパラパラとほぐれます

冷凍たらこ・明太子を使ったカンタン炒め物

明太子とちくわのバター炒め
112kcal

材料[1人分]

ちくわ … 2本
冷凍明太子 … 小さじ2
バター … 小さじ1
塩・コショウ … 各少々

作り方

1 ちくわは縦四つ割りにして、長さを3等分に切る。明太子は自然解凍して薄皮をとる。
2 フライパンを中火で熱してバターを溶かし、ちくわをあたたまる程度に炒め、明太子を加えて火が通るまで炒める。
3 味をみて、塩・コショウで調える。

たらこ・明太子マヨネーズ

冷凍たらこ・明太子を解凍したら、使わない分はたらマヨ・明太マヨにしてしまいましょう。マヨネーズと混ぜておけば、2週間くらい保存できます。

263kcal

材料［作りやすい分量］
- 冷凍たらこまたは明太子…大さじ2
- タマネギみじん切り…1/4個分
- マヨネーズ…大さじ2
- 塩・コショウ…各少々

作り方
1. 冷凍たらこ、明太子は自然解凍して、薄皮をとる。
2. ボウルにタマネギとマヨネーズを入れて**5分置く**。たらこまたは明太子を混ぜ、塩・コショウで味を調える。

タマネギの辛みが抜けます

はまる！ たらこマヨネーズ丼
ご飯をよそったら、上にもみのりやカイワレ菜を散らして、たらこマヨネーズをのせるだけ。コンビニのたらマヨおにぎりのゴージャス版と言ったしころでしょうか。私は一時期これにはまり、毎朝食べていたことがありました。

ポテト明太子サラダ
361kcal

材料［1人分］

ジャガイモ … 1個
明太子マヨネーズ
… 約1/2カップ（右ページの分量）

作り方

1 ジャガイモは洗って濡れたままラップに包み、電子レンジ強（500w）で3分間加熱する。竹串がすっと通るようになったら、皮をむいて粗くつぶす。
2 ジャガイモと明太子マヨネーズを混ぜる。

たらマヨ・明太マヨを使ったサラダ

たらこのスパゲティサラダ
453kcal

材料［1人分］

スパゲティ … 50g
カイワレ菜 … 1/3パック
たらこマヨネーズ
… 約1/2カップ
（右ページの分量）

作り方

1 スパゲティは半分に折って、塩（分量外）を加えた熱湯で規定の倍の時間ゆで、冷水で冷まし、水気をきる。カイワレ菜は根元を切り落とし、ざく切りにする。
2 スパゲティ、カイワレ菜をたらこマヨネーズで和える。

スポンジ豆腐の煮物

豆腐は一度冷凍して解凍すると、スポンジ状になり、高野豆腐のような食感になります。味がしみやすく、そのままの豆腐とはまた違った味わいに。

449kcal

材料［作りやすい分量］

冷凍絹豆腐（木綿でも可）… 1丁
鶏もも肉（ゆで鶏でも可、P.30）… 1/2枚
オクラの塩ゆで（あれば）… 少々

だし汁 … 500cc
薄口しょうゆ … 大さじ1
砂糖 … 小さじ1

> そのままだと煮物の味が薄くなってしまう

作り方

1. 冷凍豆腐は自然解凍して、**軽く絞って水気をきる**。鶏肉は一口大に切る。
2. 鶏肉とだし汁を鍋に入れて中火で煮立ててあくをとり、弱火にして20分煮る。
3. 一口大に切った豆腐を入れ、しょうゆ、砂糖を加えて弱火のまま10分煮る。あればオクラの塩ゆでを添える。

豆腐はパックのまま冷凍庫へ。解凍には常温で数時間、冷蔵庫で半日くらいかかります。保存期間2カ月。

しらすネギピザ

トマトソースを使わないあっさり味のピザ。残ったら冷凍し、もう一度焼いてもカリッとおいしくいただけます。
358kcal

材料 [1人分]

- 冷凍しらす … 20g
- 長ネギ … 1本
- 市販のピザ生地（直径19cm）… 1枚
- スライスチーズ … 2〜3枚

- しょうゆ … 少々
- 七味唐辛子（好みで）… 少々

作り方

1. 長ネギは小口切りにする。
2. ピザ生地にしょうゆ少々を塗り、長ネギ、冷凍しらすを散らし、ちぎったスライスチーズをのせる。
3. オーブントースターに入れ、1000wで10分間ほど、焦げ目がつくまで焼く。好みで七味唐辛子をふる。

しらすは保存容器に入れて冷凍庫へ。使う分だけとり出し、ほぐして使います。保存期間2カ月。

懐かしい味のナポリタン

懐かしい味を再現するためには、スパゲティをやわらかめにするのがコツ。

1,242kcal

材料 ［多めの2食分］

- タマネギ … 1/2個
- ピーマン … 1個
- ウインナーソーセージ … 4本
- スパゲティ … 200g
- マッシュルームの缶詰（スライス）… 小1缶（50g）
- サラダ油 … 大さじ1.5
- トマトケチャップ … 大さじ5
- 水 … 50cc
- 塩・コショウ … 各少々
- タバスコ・粉チーズ（好みで）…適量

作り方

1. タマネギは5mm幅のくし形に切る。ピーマンは種とヘタをとり、細切りにする。ソーセージは斜め薄切りにする。マッシュルームは缶の汁をきっておく。
2. スパゲティは塩を加えた熱湯で規定の倍の時間ゆで、ゆで汁をきってサラダ油（分量外）をからめ、ほぐしておく。
3. フライパンにサラダ油を中火で熱し、1の材料をしんなりするまで炒め、スパゲティ、ケチャップ、水を加えて**水気がなくなるまでよく炒め**、塩、コショウで味を調える。好みでタバスコ、粉チーズをかけていただく。
4. すぐに食べる分以外を保存容器に小分けにし、粗熱がとれてからふたをして冷凍する。保存期間1カ月。

赤い色がオレンジに変わったら、おいしくなったサイン

炊き込みご飯

白ご飯よりもごちそう感のある炊き込みご飯。チンするだけで華やかな食卓に。
1,344kcal

材料［4杯分］

- 米 … 2合
- **鶏もも肉**(ゆで鶏でも可、P.30)… 1/4枚
- ごぼう（細いもの）… 1本
- ニンジン … 3cm
- ゆでタケノコ … 50g
- シメジ（冷凍でも可）… 1/2パック
- しょうゆ … 大さじ2

> 鶏肉がない場合は、油揚げやさつま揚げなど、少し油気のあるものを足すとおいしい

作り方

1. 米は洗って、普通に水加減をする。
2. 鶏肉は1.5cm角に切る。ごぼうは斜め薄切り、ニンジンは短冊切り、ゆでタケノコはくし形に切る。シメジは小房にほぐしておく。
3. 1に具としょうゆを入れてひと混ぜし、炊く。
4. すぐに食べる分以外を保存容器に小分けにし、粗熱がとれてからふたをして冷凍する。保存期間1カ月。

素材別さくいん

野菜・果実

アボカド
- アボカドチキンサラダ … 35

カブ
- カブと生鮭の酒粕汁 … 93

カボチャ
- レンジカボチャ煮 … 70

キャベツ
- キャベツと豚肉のショウガ炒め … 39
- キャベツとベーコンのコンソメ鍋 … 91
- キャベツのグラタン … 84
- ダブルだしの塩ちゃんこ汁 … 29
- ホイコーロー … 38

キュウリ
- キュウリと鶏肉の酢の物 … 19

グリーンアスパラ
- 豚肉巻き串フライ … 107

ごぼう
- コンソメバターしょうゆスープ … 26

ゴーヤ
- ゴーヤチャンプルー … 13

コーン
- ほうれん草とコーンのバターソテー … 14

小松菜
- 小松菜ギョウザ … 16
- 小松菜と油揚げの卵とじ … 12
- 小松菜とちくわのゴマ和え … 18
- 小松菜と豚肉のオイスターソース炒め … 39

ジャガイモ
- ポテト明太子サラダ … 119
- レンジ肉じゃが … 68

春菊
- あぶすき … 88
- 牛肉と春菊の韓国風さっと煮 … 46
- 春菊の白和え … 18

ズッキーニ
- カレー風味の野菜スープ … 25

セロリ
- セロリと豚肉の塩炒め … 39

大根
- コンソメバターしょうゆスープ … 26
- しょうゆけんちん汁 … 28
- 鯛の雪見鍋 … 90
- 豚肉と大根のオイスターソース煮 … 48
- 焼きたらこのおろし和え … 86

タケノコ
- 筑前煮 … 34

タマネギ
- 油揚げのタマネギはさみ焼き … 86
- カレー風味の野菜スープ … 25
- 牛肉としらたきのすき焼き煮 … 51
- 牛肉とマッシュルームのクリーム煮 … 44
- タマネギの南蛮漬け … 72
- チキンライスの素 … 113
- レンジ肉じゃが … 68

チンゲンサイ
- チンゲンサイシュウマイ … 74

冬瓜
- 鶏ひき肉と冬瓜のくず煮 … 52

しょうゆけんちん汁 … 28
炊き込みご飯 … 123

トマト
- キャベツとベーコンのコンソメ鍋 …… 91
- トマト卵チャンプルー …… 65

長ネギ
- あぶすき …… 88
- エビと豆腐の中華蒸し …… 76
- コンソメバターしょうゆスープ …… 26
- しょうゆけんちん汁 …… 28
- しらすネギピザ …… 121
- ダブルだしの塩ちゃんこ汁 …… 29
- ネギチャーシュー …… 97
- ブリと長ネギの水炊き …… 57
- ホイコーロー …… 38

ナス
- ナスと豚肉の田舎煮 …… 40
- 豚肉巻き串フライ …… 107

ニラ
- ニラいっぱいの卵焼き …… 64
- もやしとニラの中華サラダ …… 19

ニンジン
- コンソメバターしょうゆスープ …… 26
- しょうゆけんちん汁 …… 28
- 筑前煮 …… 34

- ニンジンとしらたきのたらこ炒め …… 117

白菜
- かんたんサンラータン …… 27

万能ネギ
- 煮豚と万能ネギの卵焼き …… 64

ピーマン
- 懐かしい味のナポリタン …… 122

ブロッコリー
- ブロッコリーとゆで卵のサラダ …… 15

ほうれん草
- ほうれん草とコーンのバターソテー …… 14

ミョウガ
- ミョウガのみそ焼き …… 86

もやし
- ダブルだしの塩ちゃんこ汁 …… 29
- もやしとサクラエビの卵焼き …… 64
- もやしとニラの中華サラダ …… 19

レンコン
- 豚肉とレンコンのきんぴら …… 50

多種類の野菜を使っているレシピ
- 甘酢漬け
  新ショウガ、ミョウガ、ニンジン、キュウリ、ニンジン、パプリカ、ナス、カブ …… 112
- 牛しゃぶサラダ
  レタス、サニーレタス、キュウリ、大葉、ミョウガ …… 42
- 塩水漬け
  ニンジン、ナス、大葉、キャベツ、タマネギ、ニンジン、トマトジュースのミネストローネ …… 109
- ジャガイモ …… 24
- 野菜のソーダ揚げ
  スナップエンドウ、ナス、グリーンアスパラ、パプリカ、ごぼう …… 104
- 野菜のみそ漬け
  キュウリ、大根、ショウガ、セロリ …… 111
- 野菜焼き
  ソラマメ、プチトマト、グリーンアスパラ、ラタトゥイユ
  タマネギ、ズッキーニ、ナス、セロリ、トマト …… 80
- …… 98

125

きのこ

- あぶすき（エノキダケ） …… 88
- 牛肉とマッシュルームのクリーム煮 …… 44
- 炊き込みご飯（シメジ） …… 123
- チキンライスの素（マッシュルーム） …… 72
- 筑前煮（シイタケ） …… 34
- 野菜焼き（シイタケ） …… 80

肉

鶏肉

- アボカドチキンサラダ（ももまたは胸） …… 35
- キュウリと鶏肉の酢の物（胸） …… 19
- 春菊の白和え（ささみ） …… 18
- しょうゆけんちん汁（もも） …… 28
- スポンジ豆腐の煮物（もも） …… 120
- 炊き込みご飯（もも） …… 123
- チキンご飯サンド（もも） …… 36
- チキンライスの素（胸） …… 72
- 筑前煮（もも） …… 34
- 鶏ひき肉と冬瓜のくず煮 …… 37
- 鶏スープかけご飯（ももまたは胸） …… 52
- ゆで鶏のスライス（もも） …… 32
- レバーペースト …… 100

豚肉

- 厚揚げと豚肉の甘辛煮 …… 41
- エビと煮豚のフライ …… 106
- かんたんサンラータン …… 27
- キャベツと豚肉のショウガ炒め …… 39
- 小松菜ギョウザ（ひき肉） …… 16
- 小松菜と豚肉のオイスターソース炒め …… 39
- セロリと豚肉の塩炒め …… 39
- ダブルだしの塩ちゃんこ汁（ひき肉） …… 29
- チンゲンサイシュウマイ（ひき肉） …… 74
- ナスと豚肉の田舎煮 …… 40
- 煮豚（肩ロース塊） …… 96
- 煮豚と万能ネギの卵焼き …… 64
- ネギチャーシュー（煮豚） …… 97
- 豚肉と大根のオイスターソース煮 …… 48
- 豚肉とレンコンのきんぴら …… 50
- 豚肉のみそチゲ …… 92
- 豚肉巻き串フライ …… 107
- ホイコーロー …… 38
- 牛しゃぶサラダ …… 42
- 牛肉と春菊の韓国風さっと煮 …… 46
- 牛肉としらたきのすき焼き煮 …… 51
- 牛肉とマッシュルームのクリーム煮 …… 44
- コンソメバターしょうゆスープ …… 26
- 肉豆腐 …… 45
- レンジ肉じゃが …… 68

牛肉

ハム・ソーセージ

ソーセージ
- ゴーヤチャンプルー …… 13
- トマトジュースのミネストローネ …… 24
- 懐かしい味のナポリタン …… 122
- パンのオムレツ …… 66

ハム
- もやしとニラの中華サラダ …… 19

ベーコン
- カレー風味の野菜スープ …… 25
- キャベツとベーコンのコンソメ鍋 …… 91
- ラタトゥイユ …… 98

魚介

- アサリの酒蒸し …… 77
- アジのタタキの団子焼き …… 60
- エビと豆腐の中華蒸し …… 76
- エビと煮豚のフライ …… 106
- カブと生鮭の酒粕汁 …… 93
- サバのみそ煮 …… 71
- しらすネギピザ …… 121
- 白身魚の昆布じめ（鯛・鮭など） …… 58

126

卵・乳製品

- 鯛茶漬け … 54
- 鯛のごまかし … 56
- 鯛の雪見鍋 … 90
- たらこ・明太子マヨネーズ … 118
- たらこのスパゲティサラダ … 119
- 生鮭の粕漬け焼き … 78
- ニンジンとしらたきの水炊き … 117
- ブリと長ネギの水炊き … 57
- ポテト明太子サラダ … 119
- 明太子とちくわのバター炒め … 117
- 焼きたらこのおろし和え … 86

卵

- 釜玉うどん … 67
- かんたんサンラータン … 27
- ゴーヤチャンプルー … 13
- 小松菜と油揚げの卵とじ … 12
- トマト卵チャンプルー … 65
- 煮豚と万能ネギの卵焼き … 64
- ニラいっぱいの卵焼き … 64
- パンのオムレツ … 66
- ブロッコリーとゆで卵のサラダ … 15
- 目玉焼きの甘酢あんかけ … 62
- もやしとサクラエビの卵焼き … 64
- ゆで卵のみそ漬け … 110

スライスチーズ

- キャベツのグラタン … 84
- ナンピザ … 83
- パンのオムレツ … 66

豆腐・大豆製品

豆腐

- エビと豆腐の中華蒸し … 76
- ゴーヤチャンプルー … 13
- 春菊の白和え … 18
- しょうゆけんちん汁 … 28
- スポンジ豆腐の煮物 … 120
- ダブルだしの塩ちゃんこ汁 … 29
- 豆腐のみそ漬け … 111
- 肉豆腐 … 45
- 豚肉のみそチゲ … 92
- 豚肉巻き串フライ … 107
- ブリと長ネギの水炊き … 57

厚揚げ

- 焼き厚揚げ … 41
- 厚揚げと豚肉の甘辛煮 … 82

油揚げ

- あぶすき … 88
- 油揚げのタマネギはさみ焼き … 86

乾物・練り物・こんにゃく・その他

- 牛肉としらたきのすき焼き煮 … 12
- キュウリと鶏肉の酢の物（乾燥わかめ） … 29
- 小松菜とちくわのゴマ和え … 51
- ニンジンとしらたきのたらこ炒め … 19
- 小松菜とちくわのゴマ和え … 18
- 豚肉のみそチゲ（白菜キムチ） … 92
- 明太子とちくわのバター炒め … 117
- もやしとサクラエビの卵焼き … 64
- 小松菜と油揚げの卵とじ … 12
- ダブルだしの塩ちゃんこ汁 … 29

米・めん・パン

- 釜玉うどん … 67
- しらすネギピザ … 121
- 炊き込みご飯 … 123
- たらこのスパゲティサラダ … 119
- チキンご飯サンド … 36
- チキンライスの素 … 72
- 鶏スープかけご飯 … 37
- 懐かしい味のナポリタン … 122
- ナンピザ … 83
- パンのオムレツ … 66
- ブロッコリーとゆで卵のサラダ（マカロニ） … 15

127

著者 **瀬尾幸子**(せお・ゆきこ)

料理研究家。外食やデパ地下にはない、家でこそ作りたくなる"どうってことないけど確実においしいメニュー"を得意とする。「カンタンだからおいしいの!」と提案する、ムダを省いた料理初心者でも失敗しないシンプルなレシピにはファンが多い。お酒をこよなく愛し、本書でもそのままおつまみになるレシピを数多く紹介している。

『おつまみ横丁』(池田書店)、『だれでもおいしく作れるいまどきの料理の基本』(家の光協会)、『かけごはん100』(主婦と生活社)など著書多数。

本書の内容に関するお問い合わせは、**書名、発行年月日、該当ページを明記**の上、書面、FAX、お問い合わせフォームにて、当社編集部宛にお送りください。**電話によるお問い合わせはお受けしておりません。**また、本書の範囲を超えるご質問等にもお答えできませんので、あらかじめご了承ください。

　FAX : 03-3831-0902
　お問い合わせフォーム : https://www.shin-sei.co.jp/np/contact-form3.html

落丁・乱丁のあった場合は、送料当社負担でお取替えいたします。当社営業部宛にお送りください。
法律で認められた場合を除き、本書からの転写、転載(電子化を含む)は禁じられています。代行業者等の第三者による電子データ化及び電子書籍化は、いかなる場合も認められていません。

一人ぶんから作る ラクうまごはん

著　者	瀬尾　幸子
発行者	富永　靖弘
印刷所	公和印刷株式会社

発行所　東京都台東区　株式　**新星出版社**
　　　　台東2丁目24　会社
　　　　〒110-0016　☎03(3831)0743

Ⓒ Yukiko Seo　　　　　　　　　　Printed in Japan

ISBN978-4-405-09230-3